心理療法にみる人間観

フロイト、モレノ、ロジャーズに学ぶ

台 利夫
Tosio Utena

誠信書房

はじめに

心理療法は、現代が求めている一つの技法である。技法というからには、誰もが客観的な手順に従って学習できる科学性を具えたものであることが前提である。

しかし、心理療法では、治療者という「人」と患者という「人」が、互いに心を触れ合う場を通じて治療が進むので、目には見えない面がある。ロボットが操作してメカニックに物をつくるようにことは運ばない。

個々の治療者の「人間とは何ものなのか」という観念、つまり人間観が、しばしば治療のやり方にまで影響を与える。治療者もまた人間の一人なので、この人間観は、自分も含めた人間についての考えであり、心理治療の実践の実りがまた自分にもどってくるということにもなる。こうして治療者の人間観は心理療法にとって重要な意味をもつ。

ところで、心理療法の場では、治療者と当の治療法の創始者との間の関わり合いが同時に生じている。もともと治療者と創始者は別人であり、それぞれの人間観も異なるわけだが、創始者の人間観は治療理論のみでなく、治療法にまで浸みこんでいるとみられる。したがって、治療者がある治療法を実施する中で、創始者の人間観との間柄が問題になる。

多忙な現場では、ある心理治療の技法が特定の患者やクライアントに有効かどうかが問題なのであって、その技法の創始者がどのような人間観をもっていたかにまで関心が及ばない。だが、何らかの状況で現場をある期間離れたとき、あるいは治療活動を止めたとき、創始者の人間観を諸文献を通して顧みる機会をもつのは、すぐれて有意義である。

創始者の人間観をみれば、それと共に彼らの人生や人物像にも触れるようになる。ところが、そうなると、ただ技法に関わっていた際には、もっぱら有名人として「かついでいる」か、または逆に名前を知る程度にしかわからずに済ませていたのと、かなり違う印象を受け取ることがある。

彼らの生きてゆく過程での苦しみと喜び、希望と失望を知れば知るほど、彼らの生きざまが自分の人生に対比されて、あらためて身近に感じられるようになる。ある創始者には新たな驚きと敬意が生じるのであるが、他の創始者にはそれまで感じなかった反発や疑問を引き起こしさえする。そして、このような情感を、実用を旨とする技法と共に、いかに自分の中に取り入れるかが、また個々の治療者の課題になる。

人間観と関わりが深いとみられるのは治療理論だが、理論の理解に努める過程でも、実は上記の課題――生きざまや人物像と技法のからみ合い――が混入しているのを知る。創始者による理論の成り立ちの跡をたどると、何故しかじかの展開が生じたのかよく「わからない」面に出遭う。その「わからない」ところを探索するうちに、彼らの人間観に触れるようになり、次第にその「人柄」や

「生きざま」、さらには周りの「社会」や「文化」などを注視するようになってしまうことがある。「わからない」ところ——ある疑問点——を見つけて探索するのは、しばしば型どおりの知識を離れてなさねばならない。この謎解きには、後学者も自由にいろいろと仮説を出せる面白味がある。だが大事なのは、優れた創始者の考えにもなお探索を要するさまざまな「疑問点」が残っているということである。このことは、心理療法の理論そして技法にも、何らかの形で創始者という人間——人間であるわれわれにとって常によくわからない人間というもの——が介在していることを示す。

ここでは、心理療法として精神分析とサイコドラマとクライアント中心療法、その創始者としてフロイト、モレノ、ロジャーズをとりあげている。ただし本書は治療技法についての教科書的な紹介をするものではないし、創始者たちの伝記を目指してもいない。また他方、心理治療事象を学術的に論じることもない。ねらいはこれらの療法の創始者の人間観を通じて、個々の読者あるいは心理療法家が自分自身の人間観を省み、考えを深めるための一つの手引書になることを願っている。

それにしても、心理療法の場で治療者の人間観とからみ合う技法の科学性、精神医学や哲学、さらには心理療法につきもののスピリチュアリティに関わることまで言及するのは、複数の専門家による学際的研究がようやくできることだろう。

だが、専門家たちの間の共通意識に基づく十分な連携や統合は容易につくれない。他方、個人作業は視点を同定しやすいけれども、文献の読解においても消化不良や独善に陥りやすく、これもまた困難である。本書は個人の著作として、その困難な課題に向かっての一つの試みと受け止めていただければ幸いである。

本書の執筆は、学友だった故 堀淑昭君から与えられた刺激が動機の一つになっている。草稿を読まれて丁寧なコメントをいただいた、山田和夫氏、小川俊樹氏に御礼申し上げる。また他にもいろいろと示唆をいただいた方々がおり、有難く思っている。出版に当たっては、誠信書房の児島雅弘氏に真にお世話になったことを感謝したい。

心理療法にみる人間観――フロイト、モレノ、ロジャーズに学ぶ◈目次

凡　例

文献については、出どころの当り易さに重点をおき、ほとんど邦文および邦訳のものにした。欧文原書は外せないもののみをあげた。翻訳が重版／何種類か出されている場合は、筆者が参考にした書を挙げた。

文献の配列は、各章ごとに、原著者姓のアルファベット順とし、同一人の複数の著書については、原著初版年順に記した。本文中には、その番号を行間に（　）付きで示した。

先行の章に現れた書の再掲は、番号の次に、姓、前掲の章番およびその章での番号を記した。

直接の引用文や語句は「　」、その要点のまとめや読解は〔　〕、補足的に挿入した文言は（　）で示した。

●第1章
なぜ人間観をとりあげるのか

第1節　心理療法家と治療方法

心理療法は、医療の分野では精神療法と呼ばれ、薬物療法や生活療法（作業療法を含む）と共に、精神障害者の治療に欠くことのできない対処法とされている。

心理療法家と呼ばれる人たちは、重い精神障害者に限らず、大小さまざまな心の悩みを抱えて社会生活に困難を感じている人も相手にしている。それだけでなく、当人は気づかないでも、周りから見て生活行為上に問題があるとされる人とも取り組んでいる。被治療者にはいろいろと違う点もあるが、いずれも第三者である治療者とのやりとりによって変化しうる心の側面をもつと考えられる人たちである。

つまり心理療法家は問題を抱えた人——社会生活上の障害をもつ人（患者）あるいは問題を抱えて相談を求める人（クライアント）——が自主的・自律的な生活を行えるように、彼らとの間でさまざまなやりとりをして援助し、問題の解決を促す。

クライアントが当人にとって全く未知の心理療法家に会って、話をし、やりとりするのは必ずしもスムースにいかない。そこで心理療法家は特定の方法（技法）でクライアントに接近して治療する。治療技法の種類は甚だ多いが、それぞれがある理論に基づいた特定の原則的な手順をもつ。

しかしその方法に合わないクライアントも当然現れる。むしろ、型どおりには当てはまらないクライアントの方が多い。そこで、治療技法の原則を、相手に合わせて、ある程度は修正せざるをえない。しかしあまりにも変えると、治療者自身の当方法への信頼が薄れ、治療効果も当てにならなくなる。

要は、大きな流れやジグザグの道のりの中でも、やがては原則に沿った治療を果たすということである。これは単に治療者側のみの算段や活動で果たせることではなく、クライアントとの絶えることのない協働を通じてやり遂げることである。

しかし、まず重要なのは、当の心理療法を治療者が自分に合うものとして受け入れることができるかどうかである。このことは治療者の治療への信頼や意志とも無関係ではない。もし治療法に違和感をもてば安心できないし、それと調和すれば、安定した充実した構えで治療を推進できる。それにより、クライアント側からも治療者への信頼感を培うことになる。

第2節　治療方法と人間観

心理療法では、かなりの経験をもつ治療者でも、この方法は自分に合わないのではないかと思うときがある。クライアントの悩みに共振れして袋小路に陥り、「自分は一体何をやっているのか」と考え込む。その際に原点に戻って省みなければならないのは、「人間とは何であり、どうあったらよいのか」という観念、つまり治療者のもつべき人間観である。

ここでいう人間観は、読書や聴講のみによって頭で考えて得られるものではなく、日々のいろいろな活動を通じて自ら体験的に、徐々に形づくられ、自覚され、感じとられるものである。

心理臨床の活動は医療／精神医療の分野に限らず、教育、保育、職場の精神保健、家庭生活、地域の福祉活動や介護活動、犯罪・非行の予防・矯正などさまざまである。心理療法に携わる人も、医師の他に、臨床心理学、社会学、社会福祉学、生活科学、心身障害学、人間科学、教育学、看護学など、さまざまな名称の学業を経た非医師の人たちに広がっている。

これらの人たちは、実践を進めるうちに、クライアントに対して薬物などの手段をもたずに、心とそれを実際に表す振舞いだけで面と向かわざるをえないことをはっきり自覚する。つまり人間観を身をもって表すこと——観念にとどまらず、具体的なはたらきとして表すこと——である。そしてこれは、心理療法の場においてはとくにすぐれて、明らかに表されるのであり、そのゆえに本書は、人間観というものを掘りさげて考えることを〝ねらい〟としている。

心理臨床の場で心理療法の必要性が認められて久しい。現代は社会生活の諸場面で「心の健康」を求める意識が増大して、心理療法に似ているが比較的健康な人に対応する、いわゆる心理カウンセリングの必要性も高まっている。それは、精神分析的カウンセリングとかクライアント中心のカウンセリングというようなものである。こうした事情から、患者を相手にして発展した、原法としての心理療法を学ぶ人も多くなっている。

心理療法における人間観は、治療者の抱く特定の価値観を患者に押し付けるものではない。心理療法はそれ自体として独立して、誰もが学習して活用できる科学的な技法としての側面を併せて具えている。初心者も、心理学や精神医学関連の一定科目を学習し、それをベースに実践経験を積んでゆかねばならないことは十分に強調されるべきである。心理療法はこの点で、表面的な心の癒しを与えるさまざまな民間療法や疑似宗教とは基本的に異なることを、まず確認しておかなければならない。

しかしそれと共に、科学的操作の過程に人間観が介入してくることも留意したい。治療者のクライアントに対する構えはしばしば治療者自身にフィードバックされ、この状況は関係の発展としてとらえられる。つまり、治療者が形式的にクライアントを物を操作するように扱えば、クライアント側から反発を招き、たちまち協働の場は崩れて、治療はできなくなる。治療者はそうした全体的な動的過程にどのように近づき、どう受け止め、どのような可能性を期待し、どう主導し、どう責任をとるかを自問しなければならない。これもまた、治療者の人間観が具体的に心理療法の場で関わることである。

要するに、心理療法は技法化しやすい面としにくい面の双方をあまた含んでいて、その関連は複雑である。だが、この関連の検討は心理療法が発展するための重要な意味をもつ。その手がかりを得ることが本書のもう一つの〝ねらい〟である。

第3節　創始者の人間観

1　治療者と創始者

それぞれの治療者は固有の人間観をもつけれども、心理療法にはある種の人間観が浸みこんでいる。この人間観は当の治療法を初めて用いた人物——創始者——がもつ人間観を反映している。つまりある心理療法を治療者が自分に合うものとして受け入れることができるかどうかは、実は創始者の人間観との関係によるのである。

創始者の人間観に合わないと、その方法の放棄も起こるが、ときには逆に創始者の人間観にとり憑《つ》かれるようになる場合もある。しかし、こうした過程を経ながら、治療者は自分なりの治療法を編み出してゆける。要は、創始者の人間観と対照して自分の固有の人間観が何であるか、自分に真に適するのはいかなる方法かを反省し、確認したり修正したりすることである。

また、創始者がその人間観をつくっていった歴史を知ることで、自分が治療者として生きてゆくための手がかりや探求すべき課題を発掘することもある。つまり、創始者の人間観を探るのは、自分の固有の人間観を確認して今後の治療法に役立たせることであり、これがさらにもう一つの（背後にある）〝ねらい〟である。

しかし、創始者の人間観も、常に必ずしも初めから明らかな形で治療者に与えられるわけではない。創始者自身が明らかにしている場合や言葉の端々に表出されている場合は、一応の理解が可能である。しかし、何となくほのめかされている程度のこともあるし、ときには創始者が自分の人間観が科学的方法としての治療技法へ関わるのを拒んでいる場合さえある。

創始者の生きざまや性格は人間観と、人間観は理論・方法と、理論・方法は実践とつながり、そして当然ながら、それらとクライアント／患者の人間観が互いに関係し合う。個々の治療者はこの関係を学ばねばならない。

なお、ある創始者では、人間観というより人生観や世界観と言った方がふさわしくて、人間観はその中に埋め込まれている。また、そうした表現さえなく、周りの人たちがその創始者の活動をどうとらえるかによってその人の人間観が示唆される場合もある。

現場のそれぞれの治療者が自己の人間観と治療方法の担うそれとの間のズレを悩むなら、それは創始者がその固有の方法を編み出すに当たって、過去の治療法との間で経験した悩みに通じることがある。したがって、個々の治療者の抱える問題意識は創始者の場合にいっそう鮮烈に現れていると言ってもよい。創始者の苦闘の足跡を見直すのは、多くの治療者にとっての問題をすぐれて明らかにするものとも言える。

2　人間観への影響のとらえ方

創始者が活動した当時の政治的，文化的，社会的な思潮，さらにはそれらのからみ合いが彼の人間観に影響するであろう。しかしここでは，人間観に対するすべての形成要因をとりあげることはない。また，これらの要因と創始者の思考や行動を単に並べて対比することも行わない。それらが直接あるいは間接に人間観との間で固有な関わりをもつ限りにおいて触れるようにする。つまり，創始者が受け取る過去の時代あるいは当代の文化・社会の担う価値あるいは意味が，創始者の人間観の示す価値や意味とどのように関わり合うかに注目する。つまりこれは，環境の理解なしには人間観の理解が困難な場合のあることを示す。

社会や文化が創始者の思想と活動へ影響をおよぼす範囲と度合いはさまざまである。それらの影響が人間観，理論，技法，実践のすべてにわたって何らかの関連をもつこともあれば，主にその人間観と理論に関わることもあるし，技法に直結的に関わることもある。そのありさまは複雑なので人物ごとに示してゆかねばならない。

次に，創始者は師であるベテランの心理治療者やその著書から指導を受け，また当人が学んだ宗教，哲学，芸術や科学の影響を受けて，人間観を形成している面をもつ。創始者がいかなる先行者のどのような考えを重視し，どのように受け継いだか。また，過去や当代のいかなる思想から自分の理論と方法をつくりあげ、実践にそれを結晶化し、発展させたかが問われる。

創始者自身が影響を受けたと述べるさまざまな先行の考え方の中にも、実際に影響を受けたもの、当人がそう思うだけで実際にはそうでないものもある。また、創始者が無視したり気づかないでも、その理論や実践に影響を与えている学問や思想もある。こうした関係の把握には、背景の事実を追えることもあるが、後学者の推測や解釈と解説に頼らざるをえない場合も多い。

ある創始者の人間観については、たしかに心理治療学以外の特定の学（X学とする）が影響を与えているとみられることがある。だが、X学の専門家は多くの場合、心理療法やその創始者の業績に関心が無いか知らないので影響を云々することも少ない。ある心理療法を学ぶ後代の人が、X学外者でありながらX学やその用語を引用して、創始者の人間観や理論に及ぼしたX学の影響を批評したり解説することが多い。

これには検討を要する事態が生じる。とくにX学が哲学のようなものごとの普遍性や本質を問う学問であって、評者は臨床心理学や心身障害学のような個別のことや人に関わる実践の学問（Y学）に携っている場合、評者のX学に対する理解不足は避けられない。そのためこの種の評論や解説は、X学者からはX学についての論議ではなく、その語句の断片的借用であったり単なる私的印象による感想あるいは解説――「印象的解説」――に過ぎないとされかねない。確かにそれはX学ではない。しかしY学でもない固有なものなのである。*

＊『無意識の発見』の著者エレンベルガー Ellenberger, H. は、「精神医学が哲学的概念を使用した時には、決まってある哲学者が立ち現れて、その概念の真の意味が誤って解されていることを示そうとする」と述べている。[12]

「印象的解説」といわれるとしても、それは自由で意外な発想によって「普遍理論から個別の実践への道」（本来、難しい課題である）を示唆することがある。＊ ただしその際、自由であっても自分勝手にはならぬように、評者が直接にX学の原典に接し、たとえ自分なりにせよ、納得できることのみに言及するのが前提である。＊＊ 誰であれ、その解説の受け手が刺激されて実践に役立つ理論や技法を発展させるとなると、この種の解説も棄てたものではなくなる。＊＊＊ 本書においても随処でさまざまなX学用語を借りた「印象的解説」を行うことになる。

＊ この課題の意義は、まず実践家にとってのものである。「存在とは何か」を論じる学者の中には、この課題に関心の薄い人もいる。しかし、哲学が「基礎」としてとらえるものがいかにして心理として現れるかは、問うてよい課題である。

＊＊ 創始者自身が先行のある原典を挙げながら、しかも自分の仕事へのその影響を否定するのに、伝記作者はそれを肯定するというような食い違いをときに見出す。後学者自身が原典に当たって確かめることの必要性を示す一つの例であろう。

＊＊＊ ソーシャルワーカーが担い手になった、アメリカにおける精神分析の広がりとその風土でのアメリカ独自の精神分析学の勃興はその一例とみなされよう。

3　創始者の選び方

本書では「フロイトと精神分析」、「モレノとサイコドラマ」、「ロジャーズとクライアント中心療法」をとりあげた。まずは、その理論と技法を、創始者の人間観に関わる限りで、よく知られたことにせよごく簡単に紹介し、その後に、これらの人物の人間観とそれから学ぶものにからむさまざまな問題を検討した。

心理療法にははなはだ多数の種類があり、一人の治療者が一つの方法をもつと言っても、あながち誤りではないだろう。米国では１９７０年代までに既に１５０に近い方法があると言われていた。今日までにその幾つかが消えて、また新たなものが現れているが、いずれにせよ現今も相当な数にのぼると推測する。

70年代当時の代表的な分類をとりあげると「サイコ・ダイナミックス（無意識の機制）」、「行動」、「体験」という3カテゴリーに基づく療法に括《くく》られ、残りのほとんどはそれらの折衷であったという。しかもそのそれぞれも他とまったく異質なわけではなく、いずれの面かで互いに関連し、出発点の理論的な拠り所が同根の場合もある。今日、新たに出現したかに見える治療法も本質的には大きな変化はなく、強調点を変え新たな名称をつけたようなものもある。

顧みると上記の三つの療法はこの3カテゴリーに対応する。日本では「精神分析」のみを旗標にする心理療法家は少ないけれども、さまざまな心理療法への影響を省みるとフロイト Freud, S.（1856–1939）と精神分析への考察を欠くことはできない。つぎに、集団療法の社会的是認を促したモレノ Moreno, J. L.（1892–1974）の「サイコドラマ」が注目される。わが国でも集団的な治療は多くの精神病院や矯正施設で日常的に行われているが、明確な方法論を欠く場合が多い。こうした事情から、行為を焦点に体系化した活動集団療法であるサイコドラマへの関心は高い。さらに、ロジャーズ Rogers, C. R.（1902–1987）の「クライアント中心療法」は、日本の非医師の心理療法家や心理カウンセラーに広範囲に学習された療法である。一時はカウンセリングという用語に同一視されるほど馴染まれ拡がった。

この三つの方法は国際的にも広く知られている。だが創始者の人間観、治療理論、技法、実践活動のどれをとってもすぐれて対照的である。人間の発展を志向している点では共通しているが、創始者の出生、性格、人生行路も異なっているし、時代背景も、前後して幾らか重なりながらもズレている。このことは彼らの人間像と人間観を浮き彫りにするのに適している。

それぞれの療法の実践活動の特徴はその事例が最もよく示してくれる。本書でも創始者ごとに彼らが直接関わった事例の一つをあげている。それを多くの事例の中から選択する上で留意したのは、実際的でわかりやすく、各創始者の人間観に通じる特性を示しているという点である。

それにしても、優れた心理療法家は他にも何人もいるのに、なぜこの3人にしぼったのかが問われるだろう。

本書は特定の心理療法家やその治療法の信奉を離れた論考であるけれども、とくにこれらの人物を選んだわけを挙げねばならないだろう。元来、「優れた」という基準は一定ではない。上に挙げた３人の創始者にしても、それぞれに優れた点が異なる。ここでは、つまるところ、一心理臨床家として出発した筆者が自己の実践経験に照らして「優れた」人物であると思う方たちをとりあげている。それが妥当かどうかは読者の評価に任せねばならない。

筆者が現在までに精神病院、矯正施設などの現場で実際に経験した治療方法は（経験した時期のズレはあるが）クライアント中心療法とサイコドラマだった。精神分析の経験はないがその理論はこれら二つの方法に深く関連している。

心理療法についての理論や方法やその創始者をとりあげて論評する場合は、自分の実践経験に直接に関連する、あるいはそれと何らかの関連をもつものに限るべきであり、そうすることで自分にも他人にも有意味なものになる、というのが筆者の考えである。* これは既に述べたような、他分野の知見をとりいれる際の構えに、一見、相反する狭さを感じさせるかも知れない。だが臨床家の立場からは肯定できる基本の構えであると思っている。

* 例えば「行動」をとりあげるなら、著名な行動療法家や森田療法の森田正馬などが想起できよう。だが筆者はこれらの療法について、幾らかの知識はあるが経験は無いのでとくにとりあげて解説してはいない。

第2章

フロイトと精神分析

第1節　精神分析のあらまし

日常生活の中でも、自分では気づかないである行為を行うとか、覚えておくべきことをつい忘れることがある。また、自分で見ても、他人から見たとしても、どうしてそうしたことをするのかわからない場合もある。そうした行為の背後には無意識の心理がはたらいているとする立場がある。無意識を解きほぐして治療する方法の代表的なのがフロイトの精神分析である。* 以下に、精神分析の原則的な手順について、フロイトの言葉を借りながらごく簡単に記してみよう。

* 外国人名の邦訳は訳者によって異なる場合がある。Freud をフロイドと読むかフロイトと読むかはかねてから論議がある。精神分析について、昭和初頭からの草分け的な訳者である大槻憲二（1892–1977）は、1950年代初めに雑誌『精神分析』でフロイドを強調していた。当時大槻と文通したこともあって、筆者は「フロイド」を使っているが、本書では慣例にしたがってフロイトとする。

精神分析では、まず「患者は……ソファーの上に心地よく仰臥させられる。一方フロイト自身は、患者の視線を避けるために背後の椅子に腰かける。……患者は、自分の精神活動へ注意が集中することを妨げるおそれのある筋肉の緊張や、あらゆる感覚的な印象の干渉を免れる[18]」。

フロイトはこの方法以前のやり方――治療者が患者の額に手を当てて想起を促していた「前額法」

――も止め、医師としての「中立性」を固く守った。このことは料金のことも含む治療契約――自由連想のやり方の遵守、禁欲原則（患者が医師に期待する役割の拒否）――とともに「科学的方法としての精神分析に公共的な技法としての性格を与えている」[39]。すなわち、偏りなく誰にも与えられる治療法なのである。

自由連想法では、クライアントが頭に浮かぶことを、これは言うべきでないとか、言う必要ないとか批判せずに、何でも口に出さねばならない。これによって無意識の観念があらわにされ、意識化され、自己統御できるようになる。

しかし、自由な連想を強く促しても想起できない場合もあり、これは「抵抗」とみなされ、それも分析の対象にされる。連想で出された素材の「解釈」は、抵抗の原因にもなる隠された防衛を患者に気づかせる治療者の介入である。

また、夢の話が出ればこれも抑圧された無意識とみなされる。治療中の転移も同様に重要である。治療者と患者の間に転移関係――例えば親への愛憎を第三者である治療者に向けること――が生じれば、これは本来、中立の治療の場に感情を持ち込むやり方での無意識の抵抗であり、精神分析にとって一つのカギになる。

いろいろな論考の前に、まずは精神分析の具体例をとりあげよう。

事例――性的外傷体験をもつ少女

フロイトは治療の原則を厳しく守り、それによって結果の検証も可能になり、科学としての精神分析をつくったといえる。ところが、彼の実践例の中には、必ずしもこの原則を固執していない例外も見出せる。それは、精神分析出発期の『ヒステリー研究(16)』に載せられた下記の事例(略記)によってもとらえられる。

これは、フロイトの人間観をはらむ、多義的解釈のできる事例である。そこには、フロイト以後の心理療法の発展の萌芽もうかがえ、併せて彼のクライアントを受け入れる容量――人間としての広さ、温かさ、柔らかさ――を介間みることができる。

フロイトは1890年に、気晴らしにアルプス東部へ旅をして、* 山小屋のおかみの縁者とみられたカタリーナという名の18歳ほどの少女と出会った。彼が2千メートルの山頂で素晴らしい風景をうっとりと眺めていたときに、この少女にいきなり話しかけられた。その話は不安発作の代償とみられる呼吸困難を主症状とするものだった。**

* フロイトは山歩きが好きで、老年期に達しても健脚ぶりを発揮していたという。本事例の「アルプス東部」が指す山はどこか不明だが、ドイツの、オーストリアとの国境にあるベレヒテスガーデンはときどき彼が訪れていた所である。時代の移り変わりで、そこはやがてヒトラーが山荘をつくってイタリアの独裁

者ムッソリーニを招いた所で、今は観光地である。

** カタリーナの事例には英訳もある。訳者はフロイトの古くからの弟子でアメリカで開業していたブリル Brill, A. で、ポケット版の『精神分析の重要事例』(*Great Cases in Psychoanalysis*. Edt. by Greenwald, N. Y.: Ballantine, 1959.) にもユングらの事例と共に載っている。元来は研究誌 *Nervous and Mental Disease*. Monograph 4, 1937 に掲載されたものの再掲である。ただし、ブリルの英訳については、分析医の同僚の英国人ジョーンズ Jones, E. もフロイト自身も不満だったという。

彼女によると、その症状は不意に襲ってきた。目が押さえつけられ、目まいがして、胸がしめつけられた。フロイト(Fと略記)は尋ねる。「発作が起こるとき、何か考えますか。……それとも何かが目に浮かびますか」。カタリーナ(Kと略記)「ええ、いつもとても怖い顔が見えます。ものすごい目で、私を見つめるものですから、こわくなってしまうのです」。……F「発作の原因が何なのか、心当たりがありますか」。K「ありません」。

そこでフロイトは次のように尋ねた。「あなたに覚えがないなら……私が考えていることをお話してみましょう。つまりあなたは、(発作の出始めた) 2年前のその頃に、何か大変恥ずかしい思いのすることを見たか、聞いたかしたでしょう。むしろ見なければよかったのにと思うようなことを」。

彼女の答えは、叔父――おかみの夫(実は少女の父親)――が従姉フランチェスカと性的関係をしているのを見てしまったということだった。その3日後にカタリーナはひどく嘔吐した。少女の顔色の悪いのに気づいたおかみにいろいろとただされて、そのことをおかみに告げたことで夫婦は離婚し、おかみは叔父と別れて、カタリーナと共にこの山小屋に移ったのである。

ここまで話が進んだとき、少女は突然に昔（14歳頃）の話を始めた。上記の叔父と一緒にある峡谷に旅行したとき、夜自分のベッドの中に叔父の身体を感じて逃げようとした。そのときはそれが性的なものだとは気づかなかったが、後になってからそのことがはっきりした。また、別のとき――叔父が泥酔していたとき――にも同じように身を護ったことがあった。フロイトはこうした場合にも息切れなどを感じたかを尋ねたが、その通りとのことだった。

その話が終わると、少女はさらに叔父が乾草倉でフランチェスカと抱き合っていたことや、旅館で彼女の部屋に侵入しようとしたことなどを想い出した。これらを話し終えると、少女はすっかり生き生きして、元気が出た。

そこでさらにフロイトは、少女の怯えた顔の幻覚について訊ねた。K「今になってよくわかりました。あの顔は叔父の顔です。……叔父がいつも口癖に言っていたのは、『お前さえしゃべらなければ、離婚沙汰などもちあがりはしなかった』でした。……（叔父は）怒りのために顔を歪め、手をふりあげて飛びかかってくるのでした。……私がいつも幻覚で見る顔というのは、その叔父の怒ったときの顔なのです」。

フロイトはこの事例を以下のように解釈している。カタリーナは、二人（叔父と従姉）を見たために胸が悪くなったのではなく、それを見ることで喚び起こされた自分自身のことの回想に対して嫌悪を抱いたのである。以前の体験で一つの意識内容がつくられ、これが自我の活動に受け入れられずに除外され、保存される。他方で、その後の場面での新しい印象が、除外されたものと自我の間に連想による結合をむりやりにつくらせたのだ。性欲の生じる以前の子ども時代の印象は作用を現さないでも、後に処女あるいは人妻として性生活がわかるようになると、回想として、外傷的威力を振るうのである。

以下に若干の検討を加える。

a. フロイトが催眠術を離れて自由連想を始めたのは1890年~1892年頃とみられるから、この事例はその当時のものである。ここでは、患者は寝椅子に横たわり、治療者は患者が見えない位置に座って中立性を保つという、自由連想法にのっとった精神分析の正統なやり方はなされていない。自我の抵抗を薄めてしまう催眠術もやっておらず、日常場面で明らかな意識を保ったままでの対話に終始している。

フロイトも「『分析されたというより、むしろ推定によって解消された』症例だといわれても反発できない」と述べている。このことは、彼がこの事例の症状を、自我の意志で不倫愛を抑圧したというような結果ではなく、性的体験に直面したときの処置に困る自我の無知のために生じたとみているることに関連する。たしかに本事例では、抑圧などの語は出されていないが、それらは除外・保存という語で代替されており、性的要因もチェックされており、精神分析へ方向づけられている。治療の典型例というより、若い少女の問題だが、そのことがかえって当法の本質をあらわにしているし、フロイト以後の心理療法の発展を示唆するものになっている。

b. 過去の実際の性的外傷によるヒステリー発症説から幼児性欲論への転換は、後述のように、ヒステリー患者の病態心理から一般健常者の発達心理へ――特殊から普遍へ――の発展を意味する重要なポイントである。だが、この転換も一挙に起こったわけではない。子ども時代には作用を現さない経験も、成長した時点での類似の体験によって性的な外傷になりうるという、本事例の総括は、幼児性欲論への一歩と考えることができる。

c. この少女は素直に気やすく自己の体験や気持ちを打ち明けており、自ずと自由連想になっており、そのことをフロイトも感謝している。他方、フロイトの態度は彼女を質問攻めにして追い込むようなことはせず、相応に受容的である。解釈の際も「あなたに覚えがないなら……私が考えていることをお話ししてみましょう」――自分としての考えを言わせてもらえるなら――という前置きで出発している。

これらは、対話の形で治療を進めたことも含めて、後章のクライアント中心療法場面での治療者の態度を思わせるほどである。自由連想法で説かれる原則上の厳しさと、実例で示された患者の主体性を重んじ、場に応じた温かさの間との違いが注意を引く。

1 無意識の世界

無意識の探索は中世の呪術、祓《ふっ》魔術の時代に根をもつ。18世紀になって、当時評判の祓魔術師ガスナーと磁気術（動物磁気説）のメスメルの争いに発し、やがて暗示法や催眠術を土台にして発展してきた。また、これと共に分利（術師が症状を操作して、治療へ至る手法）もしばしば用いられた。19世紀前後から哲学者たちは無意識について触れ、その動力学的状態について論じている[12]。

当時から社会では、夢、性欲に関しての記事や論評もしきりに出ていた。例えば、フランスではジャネ Janet, P.（1859–1947）が意識下固定観念とその役割をとりあげていた。こうした時代のうねりに乗る形でフロイトが現れたとみることもできるかも知れない。だが、フロイトこそがそのうねりを高くもりあげた最も力強い人物である。そして、上記のような諸事項を関連づけ、体系化して、いっそう説得的に表現できたのは、精神分析の創始者フロイトをおいて他には無い。

フロイトの人物と生涯に関する伝記や紹介そして精神分析の解説は、まことにおびただしい数にのぼる。膨大な資料を使ってフロイト像を克明に描き出すだけでなく、フロイトを通じて人間の在りようそのものに迫る良書も数多くある。だが他方、フロイトの私的なつぶやきや内々の手紙の断片をえぐって解釈する、あるいはまた夢を分析する分析者フロイトを分析する、さらにはフロイトとユングの間の分析のかけ合いの解釈など……この種の評論は限りがない*。

* この種のさまざまな評論の一部は、臨床実践とは無関係な文学者・文芸批評家などによるものである。したがって、著作のねらいも本来、治療法の検討のためではない。

ここで重ねてフロイトをとりあげる必要はどこにあるだろうか。本書はこれまでの解説に何かを加えたり、精神分析の本質を再確認したり、この治療法に必要な補足的条件を示そうとするのではない。手近にあるフロイトや彼の精神分析についてのいくらかの著作を読解して、その人間観の一端をとらえることを試みながらそれを鏡として、読み手が誰であれ、読者自身の人間観を省みること、つまりフロイトによって自己理解を進めることである。このことは、他の二人の創始者モレノとロジャーズについても同様に当てはまる。

フロイトは１８５６年、オーストリアに近いチェコのモラヴィアにおいて、穏健なユダヤ教の家庭で出生、１８６０年にオーストリアの首都ウィーンに移る。

幼児期に、ユダヤ人として侮辱された父親が何も反発しなかったことに傷つけられた経験をもった。一方で、オーストリア人たろうとしつつも、生涯を通じて底流にユダヤ人意識をもつ。フロイトはほとんどをウィーンで過ごし、ナチス政権下の１９３８年にロンドンに亡命して、１９３９年に83歳で死去した。

１８８１年にはウィーン大学医学部を卒業している。その後、生理学教室員となり、神経学の研究を経てパリ（当時有名な神経学者で催眠研究家のシャルコー Charcot, J. M.（1825—1893）のいたサルペトリエール病院）に留学した。オーストリアに帰国後に、内科医ブロイアー Breuer, J. とヒステリーについて催眠研究を行った。１８９０年代前後より漸時に催眠術を離れ、前額法を経て自由連想による無意識研究へ、夢の探求へと進む。１８９５〜１９００年頃に精神分析が出発したといえる。その間、コカインの効用への思い入れ、ブロイアーやフリース Fliess, W. のような他科の医師への癒着と別離など、さまざまな経験をもつ。

しかし、1900～1910年（50歳代）には精神分析協会・国際精神分析学会を設立し、目覚ましい活動を示した。当時からヨーロッパを中心に精神分析への激しい批判——「無垢な幼児に性欲を認め、性的な面を過度に強調した解釈をする……これは性倒錯だ」などなど——が現れていた。それにもかかわらず、多くの弟子を得て国際的にも評価され、フロイトにとって最も安定した時期とされている。

だが、やがて理論的・実践的な違いから、アドラー Adler, A. やユング Jung, C. G. など何人かの初期の仲間や弟子が順次にフロイトを離れ、弟子の中で初めての非医師の分析家ランク Rank, O. や親交篤かったフェレンツィ Ferenczi, S. とも袂を分かち、最愛の弟子アブラハム Abraham, K. も亡くなる。ジョーンズ Jones, E. など終世変わらぬ情愛をもった弟子もいたとはいえ……である。

しかも、第一次世界大戦のオーストリアの敗北のもたらした貧窮と悲惨は、フロイトの生活と思想に多大な影響を与えた。さらに、第二次大戦の勃発と共にナチスがオーストリアに侵攻して、ユダヤ人迫害が始まり、彼自身はウィーンにあくまで留まろうとしたが、フロイトの末娘アンナ Freud, A. が拘束されたのを機にロンドンに亡命し、かの地で生涯を終えた。

2　技法と理論

1900年代初めに、既に触れたように幼児性欲論（リビドー発達論）が現れた。その後、第一次大戦以降ではフロイトの研究はより観念的になる。1920年代に入ると「死の衝動」の理念が提示された。つづいて人格構造〈衝動源のエス〈イド〉、自我、超自我〉の動力学が現れ、晩年には自我の自律性が示唆された。

以下には、精神分析で示された諸概念の中で、主にフロイトの人間観に関連するもののみを略述する。*

* 事項や用語の紹介については、ラプランシュ Laplanche, J. とポンタリス Pontalis, J. B. の『精神分析用語辞典』(36) 他、多数の解説書が公刊されている。

分析法について

フロイトは、1882年頃からブロイアーと共に始めた催眠術の浄化法〈言語化に基づく情動の解放〉によるヒステリーの治療において、幾つかの重要な課題を発見した。心の深層に抑圧された無意識の性的な特性や性のエネルギーとしてのリビドーのはたらきについてである。

しかし、催眠術は患者が無意識の素材を表出することへの抵抗を弱め、いわばすり抜けることで安易にそれを促す。フロイトはこの段階ではなお概念化しなかったけれども、抵抗は裏返せば患者の自我のはたらきでもあるわけである。催眠は一時的に症状を消すこともあるが、これでは無意識を患者自身によって真にコントロールするに至らないと考えた。そこで、催眠術を捨てて、覚醒状態のままでの自由連想法を開発した。自由連想を発見した時点から精神分析が出発したといえよう。

夢に無意識の欲求を探る研究と解釈もこの時代に前後して提示されて、分析に寄与している。彼は、無意識の機制は覚醒時だけに限られるわけではなく、夢の中にも形を変えてはたらいていると考えているし、日中の思いが夜中の夢に現れる思いとつながる面にも関心を向けている。

解釈について

フロイトによると、「精神分析の治療法は二つの部分から成り立っている。一つは医者が患者から聞いたことを了解する仕事であり、もう一つは医者が推察して患者に話して聞かせる仕事（解釈投与）である。解釈は医者が患者に対して行う助力であり、患者に解釈を伝えると患者は無意識的な抑圧された観念を自分の内部に見つけ出す。この助力は患者が意識と無意識の間に介在する抵抗の克服を容易にする[21]」のである。解釈は自由連想だけではなくて、語られた夢の内容についてもなされる。

上記のフロイトの叙述では、二つの部分（解る、伝える）がつながっていると受け取れるし、実際、治療の中ではそれらは分けられない。だが、ヤスパース[32] Jaspers, K.（1883–1961）によれば、この二部分は異質であり、フロイトは「了解」はしていない。フロイトの了解はあたかも了解した「かのごとき了解」である。それは、事実としての意識と可能な限りそれを裏づける客観的な素材に基づくものではないから、了解ではなく単なる解釈である。

「了解」についてのヤスパースの考えも、その立場からすると妥当である。だが、それを「わかった」ということと同義にとらえることも、場合によっては肯定できる。心理治療が患者の心情について治療者側なりに「わかった」ことを患者に「伝える」ことで進む状況がある。伝えたものを患者が受け取ることで、患者にとっての意味が生じる。治療者が定義上いかに正しく「了解」しても、了解するだけでは何も心理的変化は生じない。ラプランシュとポンタリス[36]によれば、「解釈という用語は、これだけでも患者に解釈を伝えるという技法上の意味をもつ。……精神分析の技法が確立するにしたがって解釈も確立してゆく。……解釈は治療の力動のうちに含まれることになる」。解釈には既に患者が受け入れられる要素が入っているのである。

転移について

治療者と患者の間の特殊な心理的コミュニケーションは、18世紀の磁気術やそれ以前の祓魔術の時代からラポールとして注目されてきた。だが、その場合のラポールは、もっぱら術者による暗示のかかりやすさの素地として求められたものだった[12]。この関係にはじめて真に治療的な性格を与えた治療者がフロイトだといえよう。

「転移」といわれる現象は、患者が本来は医師の役でしかない治療者に愛（陽性）または憎（陰性）の感情をもつことである。

フロイトは分析医に厳しい態度を求めていた。公正で何ものにも揺るがない人間でなければならないとしている。中立を固く守る医師に対して愛憎の感情をもつのは、親に対する愛憎を治療者に置き換えたもので、愛憎をあらわにされることへのある種の抵抗であり、患者の状態は一種の感情転移性神経症とみなされる。

しかし、治療者はこの転移に基づいて無意識のはたらきを明らかにして分析治療を促進できるのであり、むしろ転移関係なしには治療は進まないとさえ言える。治療が進めば患者は洞察を深め、医師‐患者関係をそれとして受け入れるようになる。

分析的治療関係は常に危険をはらんでいる。それは治療者側からの逆転移（治療者側からの患者への愛憎）という厄介な課題にとどまらない。20世紀の末、アメリカでは精神分析を受けた若い女性が幼児期に父親に性的虐待を受けたと訴えて慰謝料を請求する裁判が続発したが、その多くは事実でなく、精神分析の中でねつ造された誤記憶だったのである。この関係の中には暗示の影が依然としてつきまとっている。治療実践における治療者の構えは治療過程に重要な影響を与えるのだ。

フロイトはこうした転移を精査し、後発体験の先行体験への影響をとらえた論考から、やがて一般的に健常者の幼児期体験の意味を把握した。この問題は「幼児性欲」の問題――エディプス・コンプレックス（父親を殺して母親と結ばれたい衝動欲求）を各自がどのように超えるか、親の態度のとり入れ／同一視を通じていかに成長するかの考察――とからんでいる。これはまた対象へのリビドーの備給に基づく一般的な発達段階（口唇期、肛門期、男根期、前性器期、生殖期）の設定とも関連している。そして、発達に伴う欲望の阻止に対する防衛機制（退行、固着など）、あるいは防衛の隣接領域にあるナルシシズムや昇華（リビドーの社会的表現）についても触れられるようになった。

死の衝動について

大量の死者を出した第一次世界大戦の悲惨と苦難はフロイトにも深刻な影響をもたらした。

1920年に公表された『快感原則の彼岸』なる書において、彼は性欲求つまり生の衝動と併せて、内向きで、発達に逆行し、否定するような「死の衝動」の理念を公表した。

サディズムでは、本来は自己保存を目指す性欲満足を求めながら、それを否定するように相手を攻撃・破壊し、ナルシシズムでは、自分自身を性の対象とすることで何も生むことなく自己破壊に向かう。しかもそれは際限なく繰り返されるのだが、このことは感情転移性神経症や戦場神経症においてみられる反復強迫と深く関連している。小児のある種の遊びのように、そこには反復することと自体の快感がある。これは生物の保守的性質の表現であり、以前の状態へ戻ろうとするものである。

もし生物が内的な理由から死んで無機物に還ろうとするなら、あらゆる生命の目標は死であるとしか言いようがない。自己保存の衝動と死への衝動は矛盾するが、ある点の進化はときに他の点の退化なしには生じない。自己保存衝動を死の衝動に関わらせるのもまんざら不可能なことではないと言えよう。

「死の衝動」が公表された後、攻撃本能を性本能と共にとりあげて死の衝動を意味づける視点も現れている[41]。だが本来の理念「死の衝動」の理解そのものが難しくて、多くの議論が生じている。フロイト自身も「私がそれを信じているのか、わからないのである」、「科学や生活の大問題が問われるとき……、心の奥深く潜んでいる偏好のとりこになるのであって……、残るものはただ一つ、自己の思考努力の結果が良きものであることを念ずる冷静な心のみであろう[24]」と記している。

この理論の暗い雰囲気はフロイトの生きた時代のそれを映している。だが、それだけではなく、その後に起こる第二次世界大戦、そして現代における二つの大戦を上まわる不幸な死者の多さを顧みると、「死の衝動」は人間の生の意味を問い直すべき、無視しえない意味をはらんでいるといえる。

自我について

フロイトは人格構造について一つのモデルをつくった。人間は本能（イド／エス）に基づいて性欲求をはじめとする生物的な欲求行動を行うが、自分の外の他人や現実の社会に遭遇して自我が生じる。「意識は、この自我に結合しており、運動機能への通路、すなわち外部世界へ興奮が排出される通路を支配している」[25]。〔自我は外界の現実の要求とエスの要求の間を媒介する。しかし、内部的な感情も意識に伝わり、自我形成に役立つ。外界の一部は自我の中に取り入れられ、外界が果たす機能を受け継ぎ、自我を観察、裁定、処罰の脅威を与える。これは親の役割と同様であって、超自我（上位自我）と名づけられる〕と彼は述べる。

発達上、幼い男児は母を愛するけれども、次第に母と父の関係を知り、父を憎悪し、亡きものにしたいと思う。これが、いわゆるエディプス・コンプレックスである。だが、世の中は自分の思うようにはいかないこと、さまざまな社会的価値や規範のあることによって規制されていることに気づく。また、超自我によって激しい禁圧を受ける。

イドは超自我に反抗して突出しやすいので、両者が激しく対立するようになる。自我はこの葛藤さらには現実世界からの要求にも応じなければならない。自我はそれらの狭間にあって調整に努めるが、とくに防衛的に、性の衝動を無意識下に抑圧するようにはたらく。自我の防衛機制にはこの他にもさまざま形がある。フロイトの末娘アンナ・フロイトは「攻撃者との同一視」をはじめとする防衛機制のいろいろな形を記述している。(15)

フロイトは、上記のように、自我をエスが外界の知覚によって変化した部分とみる一方、自我について精神生活を統合する部分とそれから分かれた、いわば自我の意識されない部分も認めている。自我と外界・イドそれに超自我も加わった関係はきわめて複雑で、ダイナミックな相互作用をする。自我はこの関係において多くの脅威にさらされ、消耗し、不安に襲われる。不安の基底には「誕生の不安や、幼児の憧憬の不安、すなわち保護してくれる母からの別離の不安などの基になっている状況(25)」もあるという。

表面的に見ると自我のぜい弱さだけが目につく。だがもともと自我が外界を知覚し、外界との関係において構成されたものだとすると、その知覚は自我のもつ能動的機能の一つである。そしてフロイトは、晩年においてはその機能をさらに発展させ、自律的なはたらきを強調するようになる。すなわち、「自我は……三つの領域からの要求に満足を与えるべきであると同時に、自己の組織を維持し、自己の自律性を主張すべき任務をもっている」。「患者の自我は……自らの自己観察に現れるすべての材料を提供し、それを分析医に操作させる契約を結ぶ。一方われわれは、(患者の)自我に厳格な分別ある態度を守ることを保証し、無意識に支配された患者の材料の解釈にわれわれの経験を役立てる。われわれの知識は患者の無知を補い、精神生活の失われた領域に対する患者の自我の支配権を回復させる。このような（分析医と患者の間に結ばれる）自我の同盟を基盤として、分析状況は成立する[29]」と述べる。

ここには、治療者と患者のやりとりの過程で、患者の自我をいかに尊重すべきかが示唆されている。この点は晩年になって突然に思いつかれたのではなく、患者を機械的な操作対象として扱ったようにみられがちな精神分析発足当時の既に記した実践例を見てもうかがうことができる。

さらに加えて、フロイトは「……一方では自我と意識過程を、他方では無意識と性本能過程を同時に考えるという習慣を身につけていたい」と述べており、そこに「人間存在の本質に対する……これまであまりにも評価されることのなかった。〈全体的〉といった特徴を見出す[3]」と精神科医ビンスワンガー Binswanger, L. は記している。

フロイト以降の自我論の発展は目覚ましい。その中の一つ二つを拾うと、フロイトの後継者の一人であるハルトマン Hartman, H.（1894–1970）は、イド、超自我の間の葛藤から解き放れた自律的自我を「葛藤外の自我」と称した。その機能は、自我防衛においても葛藤解決を容易にし、いっそう好ましい防衛を選び、適応行動において環境変革的であるべきか自己変革的であるべきかを決定するし、人間の発達にも寄与するのである[30]。このような理論は精神分析外の問題だとの抗議もあったけれども、さらにエリクソン Erikson, E. H.（1902–1994）では主体性が前面に出されて、「自我同一性」の概念へと進んでいる[13][14]。

第2節　人間観

1　自然科学信仰

(1) 科学者としてのフロイト

フロイトは、特定の固定した人間観を背負っていて、そこから精神分析なる治療法を導き出したわけではない。彼のある種の哲学や宗教や主義をはっきりと指摘するわけにもいかない。19世紀末に精神分析が始まった頃と第一次世界大戦が終わった１９２０年初めとナチスに追われてロンドンで亡くなる前の１９３０年代では、その人間観はいくらかずつ異なっており、精神分析の発展と時代の移り変わりに従って変化している。だが、一貫したものが認められないわけでもない。例えばその一つとして、自然科学に対しては生涯にわたって大きな信頼をもちつづけた。

フロイトでまず注目されるのは、信仰といえるほどの自然科学への傾斜である。研究の過程で神話など古めかしい事柄へ関心の的を移しているし、ある種の宗教的理念が科学する心とところどころで交差している。けれども、基本的には彼は常に科学者であった。その理論は純粋な神経学や生理学に拠るものではないとしても、一貫して心理・生物的なエネルギーであるリビドーを軸に展開していた。近来、科学哲学の立場から「精神分析は科学ではない」という批判があるとしても、少なくとも彼の時代、彼は科学者であった。

フロイトは１８７３年に17歳でウィーン大学医学部に入学した。３年生のときに生理学教室のブリュッケ Brücke, E. 教授の下で神経学を学んだ。ヘルムホルツ流の妥協を許さぬ厳格さと厳密さを具えたブリュッケをフロイトは深く尊敬し、ここで科学者としての基本的な構えを身につけたのである。晩年にも同教授のゆらぎ無い権威への謝意をあらわに語っていたという(34)。

その後、経済的な貧困のゆえもあって精神医学教室へと移ったが、教授マイネルト Meynert, T. との間で関心の主題に違いがあり、いぜんブリュッケとの関係は続いたらしい。１８８６年には、その推薦でパリのサルペトリエール精神病院の神経学者シャルコーの下に留学することになった。シャルコーは当時既にヒステリーの研究者として有名だった。だが、ヒステリーの神経学的基礎は認めるものの、その症状は神経学から説明できない心因的なもので、催眠術によって再現させることができ、したがってまた催眠術で治すことが可能になるということ——18世紀の磁気術でいう分利——に興味を寄せていた。この病院に1年間とどまる間にフロイトは催眠術に大きな関心をもち、ウィーンに帰ってから内科医のブロイアーと共に、ヒステリー患者への催眠術治療に携わるようになった。

神経学者として出発し、小児の脳性両側麻痺についても有意義な業績を示していたフロイトが、どのようにして催眠術を行うようになったかは、いろいろと憶測できる。一つはむろんのシャルコーの影響である。だが、フランスに行く前、神経症患者への電気刺激による治療に挫折したこと、1884年頃にかなり期待していたコカインによる治療にゆきづまったことなど、物理的・化学的治療の限界を感じていただろうと思われる。

そうではあるが、催眠術から精神分析への移行を顧みると彼の科学的態度が堅固なものだったことが知れる。すなわち、一方で「シャルコーは神経症の心理に対して深く突っ込まなかったのであり……つまるところ病理解剖出身の人だった」[26]と言いつつも、他方では「われわれがさしあたり心理学的に解釈している一切のものは、いずれは有機体を基盤とせねばならぬ」と述べている。〔彼は意識と神経組織の間の徹底的な探索的対応の後に、説明のつかない関連を見出して、「無意識」をその媒介概念と仮定して引き出したのだ」[39]。さらにまた、ブロイアーと別れる理由の一つは、無意識における生物的・性的要因の存在、つまり生物である人を衝き動かすもの（リビドー）への関心をブロイアーがもたなかったことによっている。

その後に著した幼児性欲論は、当時の社会・文化の道徳観に反するものであって、多大な反発と攻撃を招いた。それにもかかわらずフロイトがこれを主張したのは、同時代の画家クリムト Klimt, G.（1863–1918）のように奔放な自由の旗手として性を売り出したのではなく、どこまでも生物としての人間の行動因としての性欲に注目してのことだった。

性エネルギーつまりリビドーは、彼にとって不可欠な人間行動の動因である。古い弟子たちの離反の主因はいずれもフロイトのリビドー論をめぐってのことであった。*ユングが神話の世界にひたるのを見て、神経症の問題に戻ってほしい、どこまでも直接得た分析の経験から離れないでほしいとの希望を述べている[34]。フロイト自身も『トーテムとタブー』について著作しているにもかかわらず……である。また、第一次世界大戦後にフロイトが思弁的になったというのは大方の見方であるけれども、彼自身は、決して観察を離れて思考しているわけではないと反論している[26]。

＊副次的な原因はフロイトの性格にあるだろう。ただし、彼は俗説にいわれる独裁傾向はなくて、むしろ気遣いにあふれていたという。だが、過剰な気遣いは間々相手を不快にさせる。例えば、国際医学神経学大会（１９０７）で、フロイト自身は分析批判者との対決を避けて欠席を決めながら、代役のユングに任せ切れず、大会での争論に応じる直前に、ユングの心情――フロイト側で推測する心情――に気配りする自分の心情を細かく追った手紙を出している[34]。このような過剰な気遣いはユングならずとも気が重くなる。

フロイトがユングと別れる以前の１９０９年に、彼らは一緒にアメリカに招かれた。フロイトはクラーク大学の講演で、ユングらの連想テストが出たことによって初めて心理学者ヴントの実験心理学が精神分析に橋渡しされたと喜んでいた[26]。これも彼が精神分析を単に観念の産物にとどめたくないと思っていたことを示している。＊

＊フロイトは、夢における内的感覚興奮のはたらきについても、ヴントの考えを引用している。

しかし問題になるのは、こうした断片事象によって垣間見れる科学的志向ではなく、フロイトの描く根本的な自然科学モデルなのである。フロイトが精神分析を開始した19世紀末はダーウィンが死去（１８８２年）して10年近く経ち、ダーウィニズムの風潮はかつてほどではなかったけれども、なお当時の知識人がその影響――しかも俗化した進化論の影響――を相当に受けていたとみられる。

フロイトの精神分析学における、幼児期の外傷によってその後の精神生活や生活行動が規定されるという見方には、ダーウィンの環境の力による自然選択の考え方が取り入れられているとする向きも結構ある。エックルス Eccles, J. ら[11]は、フロイト派は「ダーウィンの理論――自然選択は本能にも作用する――を取り入れた無意識が、動物的で本能的であることを『証明』するものとして」精神分析をとりあげていると述べている。併せて、フロイトの一元論に対して、現代の脳神経科学の立場から反論している。

フロイトは19世紀風の自然科学的合理主義に則って精神分析の理論を展開したと批判されるのである。彼は主体としての人間存在に眼を向けず、機械論的・物理学的に人間をとらえ、環境に積極的にはたらきかける人間の在りようを見落としたと言われる。本能（エス）に負の刻印をして、その自由な活動や創造性に触れようとしないと攻撃されてきた。

だが、この種の批判には幾つかの見落としがある。第一に、フロイトは意識-無意識のからくりに停滞したままだったわけではない。この枠組みを土台にしてはいるが、そこから論理を一段ずつ積み重ねて、可能な限り人間の本性に接近する道をたどっている。

彼は「精神分析概説[29]」で以下のように述べている。自我はいわば皮膚のようなものだが、やがてそれはエスと外界を媒介する一つの特殊な組織として形成される。「自我は外界に関して刺激を知り、それに関する経験を貯蔵し、強烈な刺激を避け、適当な刺激は受容し、最後に、外界を合目的な方法で自我に役立つように変化せしめる」。しかも、それと同時に自己内の刺激緊張にも注意を向けて、その統御にも努める。「自我は……自己の組織を維持し、自己の自律性を主張すべき任務をもっている」と。

ここに示された自我の自律性（主体性とまでは言ってない）は、文士風のアイディアで突如謳《うた》いあげられたのではない。「他の科学の扱う過程と同じように……その過程が従っている法則を確立し、その相互関係（Beziehung）、相互連関性（Abhaengigkeit）を広範囲にわたって隈なく追及すること、つまり当該領域の自然現象の理解ともいうべき試み[29]」なのである。

エスのはたらきについても、フロイトの立場の限りで、その可能性を示唆している。本能（性衝動や攻撃性）そのものの積極的意義は示さないけれども、本能昇華の能力を認め、さらに「ある本能のエネルギーが他の本能のそれに転化することができることを経験から知っている」と述べる。しかも率直に「本能エネルギーの転換現象はまだほとんど理解されていない」と言い、自分の枠組みでの理解を超えるものがあるという。こうした理論の進め方に対して、たとえ昇華の重要性を強調しても、所詮はリビドー論から出ておらず、社会・文化活動の意味の本質に触れていないといった批判もあるけれど、フロイトの視点に立てば、無い物ねだりの感がある。

第二に、フロイトは確かに19世紀が生んだ人物だから、その時代の思潮に規定された面をもつ。しかし、その患者もまた19世紀の申し子だったのであり、フロイトの理論と方法はその時代に適応し、その限りでは有効だったと言えよう。後代に在る者が評論する場合は、できるだけ19世紀の文化の在りようや心情を取り入れながら評価すべきであり、それこそが科学的な評価といえるだろう。しかも、仮に後発の視点――主体性の尊重――を導入しても、精神分析は対応できる面をもっている。つまりフロイトの実践は、現存在分析の視点からみても、彼の科学信仰を離れた人間の本質的な在り方を示すものとしてとらえられている。

(2) 普遍性と真理と男性性――ある疑問点

フロイトは、女性が幼児期に現実に性的外傷を受けて、それが原因になってヒステリーが発症するという説を、最初は堅固に、やがては不確かながら、1897年頃まで保持していた。実際、1895年に出版された『ヒステリー研究』の諸事例も女性である。フロイトが生活していた当時のウィーンでは、貴族や有産階級の家庭で近親相姦が頻発していたという。それにしてもフロイトに受診するあまりにも多くの女性患者がこの種の外傷体験を訴えるので、いぶかしく感じたことも、性的外傷論から脱して一般的な性発達論に移行するきっかけになったのだろうという。[9]

その後、フロイトは外的な刺激とからむ内的な要求のありようまで含め、次第に外傷の概念を広義にとるようになっている。[29] そして彼は「……このような（外傷的）空想は幼児期の自体愛的な活動を覆い隠し、美化し、より高い段階へと引き上げようとするように定められているものだということを洞察するようになった。そうわかって見ると、この空想の背後に児童の性生活がその全貌を現してくるようになったのである」[22]と述べている。

かかる諸事情を背景に、１９０５年頃から幼児性欲論へ、そして健康な一般人も含めた普遍的なリビドーの発達段階論へと転換したわけだが、このことについては、Ｅ・ジョーンズ[34] Jones, Ernest をはじめ何人かの伝記作者が、性的外傷説についての大きな挫折からの立ち直りとして讃えている。

しかし幼児性欲‐発達論についての何よりの疑問は、それまでの女性患者をモデルとしてとりあげた考察から、どのようにして（実際上は男児をモデルにした）一般的な発達段階説に移れたかということである。むろんフロイトは、そのための傍証をいろいろ提示している。例えば、「神経症者たちは、性欲について幼児的状態をそのままにとどめている者たちか、あるいはそのような状態にひき戻されてしまった者たちであるという定式が立つ予想ができるのであるが、もしそうならば、私たちは私たちの関心を子どもの性生活へ向けようとする気になる……」と述べる。

さらに、生理的（例えば、両性具有等）、心理的（例えば、男性ヒステリー、女性の性対象が女性という対象倒錯、去勢男性の性欲等があること）*、神話的（例えば、プラトンの『饗宴《きょうえん》』にある第三の性――男女性）諸側面から、男性と女性の間には部分的にも全体的にも類似点があると述べ[20]、この叙述の後にかなり飛躍的・断定的に「リビドーは、それが男性に現れようと女性に現れようと、規則的かつ法則的に男性的本性を有し、その対象が男性であろうと女性であろうと問題にならないと主張できることだろう」と結論づける。だが、もしリビドーが男女いずれにしても一様に表れるなら、女性的本性を理論の根幹に据える／男女に関わりない何か別の共通性を提示する／男性には男性用理論、女性には女性用理論を同じように説く、などのやり方も考えられるだろう。

* フロイトは以前から男性ヒステリー患者について注目していたという背景もある。既にシャルコーの下で学んでいたときに数多くの男性ヒステリーを見ていて、帰国後に大学でもこの種の患者を診察して研究会で報告したが、他の学者や医師から攻撃を受けた。この件では、指導教官であった精神医学教室のマイネルト Meynert, T. 教授との間でも激しいやりとりがあり、フロイトに対して教授は好意をもたなかった。けれども、彼は死の直前に「実は私は男性ヒステリーである」とフロイトに告げたという。異論[12]もあるが『夢判断[17]』にはそう記されている。またその頃、この書と前後しながら、両性具有者や対象倒錯者を論じている。例えば、対象倒錯者については、女性でありながらあたかも男性のように女性を対象として求めるような人物をあげる。

これを要するに、一般的・普遍的なリビドーの発達論が男女両性に関わるというフロイトの種々な言葉にもかかわらず、それが明らかに女性の発達にも妥当するという明らかな説明は見出せない。こうして性的外傷説から男性を下敷きにした一般論への転換は、やがては性差別の非難さえも受けるようになった。この間の事情はよく「わからない」のであり、女性の研究が当時の諸事情によって困難だったというのとは別の事由を考えねばならない。当面、精神分析を離れて、敢えて以下のような一つの仮説を立ててみよう。

外部から現実にこうむった性的外傷の説と幼児性欲論・発達論の間には筋を追えるような結びつきはない、とする立場が可能である。つまり、そこにあるのは特定の個別論から広範な一般論への単なる飛躍ではない。前者を断念したフロイトは新たな構えで出発して後者を提出したのであり、両者をあえて関連づける必要はないとする見方がありうる。もし何らかの関係をみるとしても、この両理論を提示したのが精神分析を志向した同じフロイトだったということ以上のものではない。

ここであらためて、フロイトの研究と実践に対する基本的態度を顧みて推察するのは意義があるだろう。彼は挫折した際に、「真理」は一体どこにあるのかをあらためて自問し、答えようとしたと思われる。過去へのとらわれは捨てねばならない。失望から立ち直ったそのとき、彼にとって残るのは科学の目指す唯一の「真理」の新たな追求のみである。だが、個々の経験的事実と「真理」という抽象的な概念は異なっている。真理は眼の前の具体的・実際的そして感覚的なものから脱却した普遍性をもつ。

他方、人間の心のはたらきを男女の間で見た場合、フロイトの言葉を用いると「母であることは感覚の証言によって明らかにされるけれども、父であることは結論と前提の上に構成された仮定だ……」[14]。したがって一般に、抽象的で普遍的な概念化過程は自ずから男性性を帯びることになると言えないか。フロイトにとってリビドー発達過程の男性性は、普遍性を求めたことと共に生じたのではないか。

少なくとも彼は意図的に「男性本位」を強調したのではないだろう。フロイトとしては、生きる者は誰であろうと生育史を通じて超性差的／一般的な過程をとって発達することをまずもって提示した。その後、エディプス・コンプレックスに対応する、女児のエレクトラ・コンプレックスの説がチューリッヒ学派から出されたりしたが、フロイトは十分に納得していない。彼自身も女児の場合はエディプス期（3歳〜5歳ぐらいの時期）に先立つ前エディプス期に愛の対象を母親から父親へ移すとみるが、さらに複雑な解釈の試みもあり(29)、専門家の間でも議論の多いところで、明確とは言えない。彼にとっては、つまるところ、焦点的な問題は一般的な、つまり男児の性欲なのである。

彼の発達論は科学者としてただ一つの真理の追究の結果なのだと考えられる。フロイトの精神分析学は、常に自分の父親との関係を下敷きにしているといわれている。だが、その父親を取り入れて同一化し、自我を発展しながら親も自分をものり超えて、すべての人間の自律という普遍的な発達を志向する、その道程が女性ヒステリー患者の外傷説から脱した一般的発達論への転換だとみることもできるだろう。*

＊　超自我は父という見本との同一化によって生じたものとされるが、この超自我は男性的性を離れて非性化されている。

フロイトが催眠術を主な治療手段としていた1800年代後半、協働者である内科医ブロイアーは、フロイトがヒステリーの負因として性的要素の存在を主張したとき、個別事例から一挙に一般化することへの飛躍にあきれた。*こうした普遍化が的外れにならなかったのが、フロイトの常人を超えた能力である。だがまた、フロイトの普遍性志向は、それによって世界人となり、そうなることで、ユダヤ人としての劣等感、屈辱感を乗り越えようとしたとも言える。

＊　普遍性についてもフロイト自身は常に治療実践に根ざすことを強調している。だが普通に関わったことは、その後のフロイト派の中に治療家よりは評論家と呼ぶ方が適する人を導き出している。理論が一人歩

きして、全く臨床経験の無い文学者で精神分析の著作をなす者も現れている。

自然科学に拠って普遍性を求め、一般的な法則性を見出すのは広範な課題解決に対応する。フロイトの場合には、これはまた次のような彼のユダヤ教観とつながっている。モーセは一神教を掲げたけれども、これは本来、唯一の真理ということに通じている。この宗教は偶像を排して純粋な精神性を求めるのだが、これも目の前のものにとらわれぬ、感覚性を超えた抽象的な真理に関わる。

キリスト教もイスラム教も源流とするユダヤの一神教とその神に選ばれた民（ユダヤ人）としての誇りが、フロイトをとくにモーセに注目させたのだろう。しかも、（矛盾を含むけれども）フロイトはモーセをその名の由来からエジプト人と解して、(28) 自らの属するユダヤ民族をも超える人間――いわば世界人――とみなす。彼にとって、歴史を創る英傑は出自を問う要はないのである。* 多くの批判のあるフロイトのモーセ像の著作に、なぜ彼が死の直前まで固執したかは、普遍性を追求する意欲との関連によってとらえることができるだろう。

＊　フロイトは『モーセと一神教』の冒頭で、フランスで英雄視されるナポレオン・ボナパルトはその名前からイタリア系の出自が知られるとしている。このような叙述も、出自がどうであれ、英雄の歴史的役割を強調し、固定的な民族主義に偏らぬ人類発展の普遍性を提示したのである。

ここでとりあげたのは、フロイトのモーセ像や一神教のとらえ方の正誤ではなくて、どこまでも彼の理論の発展が、そうした仮定に基づいてたどられたということである。フロイトの内面では真理の追究、一神教、普遍性と男性性を背負う理論が分かちがたく結びついていたのである。

2 ユダヤ人意識とユダヤ神秘主義

(1) 無意識とユダヤのくび木

欧米におけるユダヤ人の共同体ゲットーは強固なコミュニティであり、住民の連帯は物心両面できわめて強固であった。一人で外部のどこに出かけてもユダヤ人としての「われわれ感情」は根深く残る。そこには共通する神の選民としての「誇り」と共通の被害感の双方がからまっている。だが他方、ゲットーの中に留りたがらぬ者も数多く現れた。ユダヤ教の律法の厳しさ、形式主義の生活が個人の自由を極端に狭めたからである。むろんこの規制は単にそれ自体のためではなくて、外部社会からの締め付け・疎外への対処という面が大きい。外部からの陰に陽にの攻撃に応じるには強固な内部統制を保つ以外になかっただろう。

フロイトは、ゲットーをイスラエルに持ち込むだけとして、シオニズムに反対した。同世代にシオニズムの唱導者ヘルツル Herzl, Th. がいたが、そこに著しく排他的な権威主義を見たからである。フロイトは内面ではパレスチナに憧れていたという評論家もあるが、全体の態度から見ると、非ユダヤ的ユダヤ人である。

しかし半面、フロイトは自分がユダヤ人以外の何者でもないことを認めており、聖書や古代のユダヤの寓話や預言者や賢人の言行についても、身についた知識をもっていた。ユダヤの知恵といわれる伝承文書のタルムードの文言も随時に活用していた。エディプス・コンプレックスの淵源をトーテム時代の親子関係にもとめているし、モーセの研究もまたそれに準じている。しかし、精神分析の視点に立っての宗教論なので、専門のユダヤ学者からは、彼は単に学者ぶっているだけであり、誤っているとの批判があるという。*

＊ ある学について学外者が関わる際のその学の専門家の防衛反応を表す一例である。ゲーテの心理的色彩論に関するニュートン派物理学者の反発をショーペンハウアーが記しているが[42]、単に視点の違いであろうと、自己の専業とするものに触れるのは許せないという態度はどの分野にも認められる。

フロイトの諸著作は、彼の強い脱ユダヤ人意識と選民的ユダヤ人意識の矛盾するものを担っている。ローマに憧れをもちながらも、紀元前3世紀にローマと戦ったセム人の英雄ハンニバルを崇敬するという具合である。実際生活面でも、一方では深い同胞愛をもって若いユダヤ人研究者を物心両面で支援し、ユダヤ人団体のブナイ・ブリスの永続的な会員でもあった。しかも他方では世俗的であり、オーストリア社会民主主義協会から会員とみなされていた。

ユダヤ教に依存することはないものの、外部社会のみならず内部社会からも、疎外感をもたないではいられない経験を重ねている。フロイトにとってのユダヤは「子どもが憧れながらも忌避する父親」のような関係にみえる。彼のとりあげた「無意識」は、この関係を象徴的に表している。そして以下の論考は、この象徴化についての一つの見方である。

無意識は精神分析に不可欠の概念である。ヒステリーや神経症の患者は、自分の症状に抵抗しながらも半面では利用もしていて、しかもそれらにほとんど気づかず、自分では統御しようのないものに支配されているのを体験する。フロイトは、自由連想の過程で無意識を分析するだけでなく、度忘れ、言い違い、そして夢など日常生活の諸相が無意識に動機づけられていることを指摘した。

精神分析における意識化による無意識の支配からの解放と自由の体験は、患者にとって大きな収穫である。だが、精神分析による無意識の意識化は必ずしも快感を伴わず、むしろ馴れっこになっている現実逃避を暴露して面と向かわせることで苦痛を伴う場合もある。だが無意識へのとらわれは、フロイト自身のユダヤ人意識——患者であるか否かに関わりなくユダヤ人として生をうけたが故の、いかんともしがたいくび木——を裏づけるものなのであり、その呪縛を解くことなしに自他共に真の自由は得られないのだ。

拒否的な外部社会を反面に映すゲットー内部の統制の中心はユダヤ教会シナゴーグの説教者／指導者であるラビであり、家庭におけるその委任代理者が父親である。父親との葛藤体験が幼児期に刻印された場合、それに抵抗し、それを忘れ癒すには、心理的な抑圧をして、無意識化せざるをえない。つまり、無意識の世界への抑圧は自分からの逃走でもあり、またゲットーを離れて孤立・無援で裸で放り出される人間に残された防衛の手段である。

無意識は、ユダヤ人にとって、意識と同様な心理的なリアリティをもつ。次のように言い換えることもできる。外部社会によるユダヤ人の虐待は他者による疎外である。だが、ユダヤ人自身がゲットーを拒否し、さらには自己の人格内のユダヤ的なものも嫌悪するなら、それは自己疎外である。他者疎外と自己疎外、この両面は密接に関わっている。

フロイトの自己分析は、ユダヤ人であるがゆえの疎外、自己疎外によって自らを、「虐げられ、神経を病んだユダヤ人として、抑制の犠牲である自分を見出した」[31]とジャカール Jaccard, R. は言う。神経症患者のような、社会的に好ましくない人々と同一化し、「患者に耳を傾け、その症状の意味を探究する」精神分析を開発したのも、彼がユダヤ人なればこそなのである。

フロイトにおける無意識は、この観念になじまない日本人と比較することで一段と明らかになる。キリスト以前の争乱の地パレスチナから放逐された流浪の民／いずこの外つ国でも異教徒とされるユダヤ人と、東洋の島国で生まれ育って連綿とした歴史を経て、以心伝心で通してきた日本人の間には質的な違いがある。以心伝心のいう「心」は、フロイトの夢解釈にみる、二次的な検閲によっても否定される隠れた願望充足[14]のような、二重、三重の防衛機制のためにもつれ、歪められたものではない。

日本にも内（ウチ）と外（ソト）あるいはその類縁語として「ケ」・「ハレ」そして「ほんね」・「たてまえ」などの言葉はある。だが、それらは基本的に公的な外部社会（一般社会関係）と私的な内部社会（家族関係）の間を表すだけである。まず共通の社会があることを前提にしてその社会内部での区別を指している。「ソト」から「ウチ」に帰れば安堵《あんど》はするが、共に意識上の問題であって双方の間に鉄壁の区分はない。それゆえ、地縁・血縁の薄れた現今の結婚式においてさえ「家族の和は輪である。この輪を地域に、国に、世界に広げよう」などの祝辞が出る。

無意識からの解放は、ユダヤ人にとって、閉塞された生からの自由であり、それはユダヤ人意識と不可分である。対照的に日本では、個人内面の無意識を探る必然性がない。心のままに振る舞う人がすなおな良い人として評価される。総じて、内面の経過より現実の結論を急ぐから、精神分析がするベッドの中の夢の分析などは評価されにくい。時代による心的態度の変遷はあっても、大都会から離れるのに従い、また年齢層の高まりに応じて少なく、全体として日本人的体質はほとんど変わらずに保持されている。

むろん、現代の日本人は過去とは大いに異なる面ももつ。一面では、個々の人が疎外され、ユダヤ人化しているとさえ言われる。したがって無意識を意識化するというはたらきも近頃では注目されてきている。自分で気づきにくい前意識的なものも含めた自己のすべてを明確化して肯定すること、つまり内面の自己親和的なものも異和的なものも共に認識して面と向かう――それらを含んだまま生きるという構えをとる――という風潮をみれば、精神分析的な活動もいくらか日本人に妥当するようになっていると言えるかも知れない。

(2) ユダヤ教との間

世間では、催眠法はある種の魔術と受け止められやすい。磁気療法の時代には、宇宙を満たす「気」がその場に浸透し、ヒステリー症状のような不思議な状態に陥っている患者を覚醒させる、ある種の神秘性が考えられていた。同様な雰囲気が精神分析にもつきまとう。

周囲の人々にとって「わけのわからない」振舞いに対して、精神分析家は無意識の動機を指摘する。だがもっともらしくそのわけを解釈されても、にわかに「わかる」気分にはならない。「無意識」なるものが見えないのだから、いぜんとしてある種の不思議を感じる。

精神分析は確かに常に幾らかの不思議さ、神秘性あるいは霊性（スピリチュアリティ）を伴う。だが創始者フロイトは、こうした神秘性や霊性につながる宗教をまさに精神分析の立場から分析する。彼の宗教論をかいつまんで記すと、次のようである。父への憧れが神-宗教への要求の根源であり、人間の無力や拠るべなさがその契機であり、しかも父親の支配を嫌って父を亡きものにしようとする意思がモーセを殺し、その罪償感がまた信仰につながるという[27]。

この解釈は信仰者の存在を認めない反宗教ではなくて非宗教的宗教論である。宗教者がそれを反宗教的ととるかどうか、フロイトの生きざまがスピリチュアルだったかどうかなどは、彼らの側の問題であってフロイト自身がとりあげる問題ではない。

フロイトは一方で自分がユダヤ人共同体の一員であることを確信している。しかもそれは自分に賦与されていて逃れられないものである。このことは、彼の治療実践、研究、社会行動の上で根本的な影響を与えていた。一例をあげれば、出会って間もなくスイス人でアーリア民族の出であるユングを国際精神分析学会の次期会長に推薦したという事情も、単にユングに一目惚れしたというのみでなく、ユダヤ系人の多い分析学会を社会的に拒否されないようにとの配慮があったとみられている。

　だが他方では、彼が会員だったブナイ・ブリスの会合に寄せて「ユダヤへの大義への奉仕は、自分は決してユダヤ人であることを否認したことはないという一点に限られている[34]」と述べる。精神科医ビンスワンガーとやりとりした書簡でも「宗教が成立するのは……幼児とか、未熟な人間のもつ頼りなさ、不安のためです。これはゆるぎない事実です[3]」と記している。また「宗教の教理はすべて幻想であり、証明不可能で、何人もそれを真実と思ったり、それを信奉することを強制されてはならない[27]」と言う。彼は神への愛をもつ信者の存在を肯定しており宗教を排除してはいない。だが彼自身は信者ではなく、宗教には常にある距離をもって対していた。

　フロイトは宗教に範を求めようとしていない。それにもかかわらずユダヤの伝統との関わりはフロイトの人間観の素地になっている。彼は精神分析家に正義と公平を厳しく求め、自分自身の振舞いとその日常においてもだらしなさとか緩んだ面が少なかった。これはあたかも、生活の一挙手一投足まで支配していたユダヤの律法を受け継いでいたかのようである。貧困な仲間や弟子に対する自分の貧しさを省みぬ援助は、ユダヤ民族を率いてエジプトを脱出した指導者モーセの「正義・隣人愛・貧者への慈愛」を活かすもののようである。

　彼が自分の家族に対して情愛が深かったのも、そのことの他の現れであろう。妻マルタ・ベルナイスとの結婚に先立つ、長い交際期間中には何百通にもなる手紙をやり取りし、嫉妬したり、自信をなくしたりして、容易に結婚を決断しなかった。しかし結婚後は一夫一婦制を厳守して堅実な家庭を築いていった。彼の弟子や支援者には多くの女性がいたし、自宅には妻の妹が長年にわたって家政婦として住み込んでいて、フロイトとねんごろだったけれども性的な問題はなかった。
付け加えると、妻の実家はユダヤの名家で、祖父と詩人ハイネ Heine, H. は親類であり、ハイネから経済学者マルクス Marx, K. への手紙にはこの家族の名が出ていたという。[34] この家族は結婚当時、貧窮だったフロイトを経済的にも支援したが、こうした背景はフロイトの社交性を広めるのに相応な影響を与えたようにみえる。

精神分析はつまるところユダヤ教とどのような関わりをもつのだろうか。一般に神への祈りが最高度に達し、祈り手と神が合一する体験に至り、自己没却感、啓示感、恍惚《こうこつ》感などに満たされた直観的な体験を神秘主義と呼ぶ。しかし、広義の神秘主義は理性を超えた崇高なすべての不思議なものを示唆している。

バカン[1] Bakan, D. は、フロイトは意図せずしてユダヤ神秘主義を世俗化したという。カバラー（12世紀~14世紀のユダヤ教の秘文書）には次のような文言があるという。「魂を開封し、魂を縛っている結び目を解く」と。それは瞑想の中でアルファベットを分解して新たな主題を導き出すもので、無意識を暴くフロイトの手法に通じているように見える。神秘主義との類比は他にもいろいろと探すことができる。フロイトが精神分析の王道とした「夢」は、いかに神話的であり、秘密の花園にも喩えられることか。* だが彼においては無意識の暴露は宗教によってではなく、科学的な方法によって成し遂げられた。バカンによる神秘主義との類比は、宗教を忌避し魔術を拒むすぐれて合理主義者であったフロイトまで、「神秘主義がどのような経路をとって至ったかに触れてない[40]」のである。

＊　フロイトの『夢判断』には、「われわれは夢の構成要素の夢の中でつくりあげられた関連を非本質的外観として廃棄し、一つ一つの夢要素の源をそれぞれ別々に探らねばならぬ。……夢の正体を見極めようと思ったら、それをバラバラにほぐして元の要素に戻してみなければならない」との文言がある。これも一見、カバラーの文言と類似する。

他方、精神分析の過程そのものに宗教性を認める立場がキリスト教信仰の側からも現れている。ただし注意すべきは、精神分析に対して宗教からも解釈できる側面を認めることと、宗教を本質的に善であるとし、精神分析は宗教に仕えるものとみなし、この治療法が善をどれだけ目指しているかを問う立場[45]は異なっている。ここでとりあげるのは前者である。

一例として、現代の精神分析家であり理論家でもあるクリステヴァ[35] Kristeva, J. の見方をとってみよう。彼女によると、患者は精神分析を通じて分析医とのやり取りの中で次第に主体性を認識する。それと共に他者の主体性に気づき、敬意をもって関わるように成長する。これは「愛の絆の地平にある倫理的次元」という語句で表されるというのである。愛こそは人の倫《みち》ということであろう。

クリステヴァはすべての人間の誕生に、それとからむ神の「愛」をおいている。彼女の述べるところに従うと、「フロイトでは、男児はエディプス期以前の非常に幼い時代、哺乳を通じてまず母親を対象としてリビドーを充当し、次いで父親をわがものとする。が、それ以前に父・母二つの関係が併存して双方の性的属性を具える『個人の生活史に先立つ父』への無媒介の転移から成る一次同一化が形成される」とする。さらに〔アウグスティヌスも神への信仰は赤ん坊が母親の乳房に対してもつ関係としているが、信仰が可能になるのは未だ知性や抑圧で覆われない、母胎にごく近い、この始源的な両親の極との一次同一化においてなのである。これがまさにキリスト教徒が神から与えられる「愛」と称したものなのである〕と言う。*

* ここでいう「愛」はアガペー（無償の贈与）である。

クリステヴァの叙述はもつれた文脈と特殊な言いまわしでわかりにくいが、精神分析はこの始源の「愛」から出発して、治療関係を展開し、〔無意識をとりあげてその意味を明らかにし、記憶の再生と自己認識の長い道のりを経て、ようやく転移を解消する、すぐれて合理的なもの（意識、無意識等の概念は人間存在を客体化したものだが）を追求しながらも、その合理主義を脱して苦悩をのり超えてゆく〕とみている。このことは、単にフロイトの人間観に関してというより、精神分析全体に関わることであろう。

3　哲学との関わり

(1) 論理主義を学ぶ——ヘルバルトとブレンターノの影

フロイトの人間観への哲学の影響には、影としてとらえられるほどの薄いものと、いっそうはっきりしたものがある。彼の活動を外側からとらえて哲学的に位置づけたり、彼自身の思索に直接関わった哲学をとりあげる場合もあるけれども、フロイトの人間観の中核に特定の哲学がどれだけ関わったかを明らかにするのはかなり困難である。

フロイトは元来、知識としての哲学には関心が乏しかった。観念にとどまるよりは観察や実験に根ざした考察をという気持ちが強かったからだろう。「自分は本来、哲学的に考えることに適していない[22]」とも述べている。

だが、彼は医師という職業についても自分には合っていないと言い、医者の一員として働く気もなかったと言っている。それにもかかわらず、この言葉に継いで、治療意欲が強すぎるのはかえって患者の闘病心を損うのであり、「その仕事を冷静に、できる限り正確に行うことが患者を最もよく助ける」と、医師の適切な態度を促している。[34] 哲学についてもそれを振りかざしはしないけれども、生活と治療と研究を通じて若い頃から知への愛を深めていたのであり、そのつど哲学をとり入れ、思索の頼りにしたと想定できる。精神分析出発時の著『夢判断』において、〔連想夢では自由な表象世界が身体・心理的刺激と無関係に自由にたわむれる」との哲学者フォルケルト Volkert, J. の文言を引いているのも、自分の立場の側面を哲学で支えていることの現れだろう。

フロイトの生活史の中には、実際のところ何人かの哲学者が登場しているが、ヘルバルトとブレンターノの名はその初頭を飾っている。フロイトはウィーン大学の6年生時（最高学年）で哲学者ヘルバルト Herbart, J.（1776–1841）から学んだときに「無意識」という語を知ったとブラウン[7] Brown, J. は記している。しかし、フロイトの自伝[22]にもE・ジョーンズによる克明な伝記[34]にも、そのことは触れていない。フロイトは夢をもっぱら身体的機能へ帰属させることへの疑念をもち、それにからめてヘルバルトの「漸次的な、部分的な、そして同時に非常に変則的な覚醒」が夢なのだという言葉を紹介している。[17] けれども、それ以上は知られないので、ヘルバルトが実際にどのような影響をフロイトに与えたのかわからない。

ヘルバルトは哲学者だが、当時はまだ哲学と心理学ははっきり分化していないから心理学者とも言えよう。しかし、彼はむしろ教育学者として有名である。ヘルバルトの教育学はきわめて分析的・論理的・体系的だが、* 彼の哲学も同様に著しく形式分析的である。彼は経験の背後に形而上学的な実在を考えてこれを実有と名づける。実有対実有が関わる中で人が自分を保つ形式が表象で、われわれの認識は表象以外にはない。「白い」と「黒い」のような表象と表象は互いにその強度を抑制し合う。そして一方が他方を完全に抑制すると、他方は単に表象しようとするにすぎないものになる。これがすなわち彼のいう無意識である。表象を意識下に沈めた原因が除かれれば、再び意識に上るようになるという。

＊ ヘルバルトは教育学の目的を倫理学に、その方法を心理学に求めた。方法を管理・教授・訓練の3分野に分け、訓練と他の2分野を併せて教育的教授と呼ぶ。それをさらに興味の多面性と進行のプロセスに分類するが、興味の多面性は知識と同情から成り、同情は宗教的・社会的・同情的の3興味に、知識は趣味的・思弁的・経験的の3興味に分ける。そして、この6種類の興味に対して6種類の道徳的なことを対応させた。

ヘルバルトの無意識についての考えがフロイトの注意を引いたことはありうる。しかしフロイトは、「無意識は哲学者のいうそれと全く同じものではありません。……たいていの哲学者は無意識的精神（意識されない心的なもの）unbewusstes Psychische について何も知ろうとはしないのでありますᵃ」と述べ、「哲学者は「意識が心だとすると意識の欠けた心というのは自己撞着《どうちゃく》だ」と言うが、心には無意識の過程が存在するのだ」と反論している。したがって、仮にフロイトがヘルバルトの無意識を学んでいたとしても、両者は単に間接的な影響関係にあるだろう。＊

＊ エレンベルガーは、フロイトの「抑圧」は、抑圧と意識を同一現象の裏・表とみるヘルバルトに由来するという[12]。だが、ある時代に類似の観念が別々に複数の人にとりあげられることは可能である。重要なのはその観念が、当人の体系にとって、どのように整った意味を与えられているかである。

その学の内容から、ブレンターノ Brentano, F.（1838–1917）も心理学的な哲学者の一人に属するだろう。フロイトは医学生でありながら、1874年から1875年にかけて毎週ブレンターノの演習に参加している。このことは幾つかの伝記に記してあって、ヘルバルトとの関わりよりも明らかである。だが何を学んだのかについては、やはり十分に知ることができなかった。実際、彼はその当時は生理学に関心があり、精神分析への道を歩み出したのは十数年後のことだから、学生時代にどれだけの影響を受けたかははっきりしない。

ブレンターノの弟子の哲学者フッサール Husserl, E.（1859–1938）によって現象学が発展する一方、やはりその門下につながるエーレンフェルス Ehrenfels, Ch.（1859–1932）の掲げた「ゲシタルト質」を経て、20世紀の心理学を行動主義と二分したゲシタルト心理学が展開している。このことからもわかるが、ブレンターノの哲学は多彩で多岐にわたっている。その理論はすぐれて論理的で、イデアの実在を思わせるようなプラトン主義とは反対の立場にある。しかし他方で、数学の集合のような具体的対象の「まとまり」は排除していない。

彼の哲学ではまず、心理現象の明証性（判断の確実性）の問題が注意される。また、「音を聞く」と「音がある」は同一だという志向性（意志が一定の目標に向けられること）の考え方は、フッサールのノエシス（志向的体験）とノエマ（志向的対象）につながるだろう。部分–全体の統合関係を問うたのはゲシタルト理論へと向かうものだ。

さらに、生成における原因と結果の間の類似性という考え方もある。これは原因の中に既に結果が含まれているとする内在的目的論である。[8] 小此木は、ブレンターノのこのアリストテレス的な考え方をフロイトは学んだと言う。[39]

精神分析での幼児性欲を基底とする幼児体験の重視は、人間の成長をほとんど幼児期段階の経験に依拠させ、以後はその繰り返しとしか見ないように受け取られる面がある。これは俗見であるけれども、こうした見方を誘う精神分析理論の一部には、ブレンターノの内在的目的論の影がうかがえなくもない。

だが、そのことよりむしろフロイトの「研究の出発点は、あらゆる説明と記述を許そうとしない究極的事実である意識を口にするとき、人々は最も直接的に、自分自身の経験からそれが何を意味するかを知っている……[29]」という言葉は、ブレンターノにおける心的現象だけが明証的であるとの考え方を受けているようにみえる。

(2) すさまじい生きざま――ショーペンハウアーとニーチェに自らを見る

フロイトは、ショーペンハウアー Schopenhauer, A.（1788–1860）は精神分析と同じような考えを表しているが、「自分がその哲学について知っていたからではなく、それを読んだのはずっと後のことである」と述べる。また、「ニーチェ Nietzsche, F.（1844–1900）の考えとも驚くほど合致するが、それだからこそ長く彼の考えを避けていた。優先順位を云々するのはどうかと思うからだ[26]」と言っている。フロイトはたしかにこれらの哲学者とは無関係に思考を進めただろう。しかし一度、自分と類似の思索を知るとわが意を得たと感じ、また併せてその思想から自分の考えを固めて何かを獲得するから、フロイトの考えが彼らから何も影響されなかったとは言い切れない。ただし、彼らのどこに共感したのかは触れていないので、後人はそれを推測するのみである。

ショーペンハウアーは「表象」と「意志」を区別する。彼の主著『意志と表象としての世界』[42]によると、〔表象は主観およびそれと分かち難い客観から成っている。だが表象は世界そのものではない。「物それ自体」である「意志」の表れの一つにすぎない。意志は低級な物、例えば石にさえ在るけれども、表象をもち、さらに意志から由来しながら意志をも客観視する認識をそなえる人間で最高級に達する。人間にとっては生と死もうたかたの表象に過ぎず、目標も終点もなく、不変なのは意志である。個人は現れて消えても、種としての人間は「意志」として永続する。性欲はこの「意志」を個別の生命を超えて表す。だが、意志は個体を使い果たすことで存続する。このことに対して人がやれるのは意志の否定、つまり完全な諦念しかない〕。

ショーペンハウアーの考えは多面的であって、単純な形にはまとめられない。彼の言い方で記せば、「生きんとする意志が自己自身と矛盾撞着する」からである。彼は意志の否定を強調しながら、併せて「意志は真の物自体である限りは、本当に根源的で独立的なものであるから、自己意識のなかにあってさえも、意志の行為には……根源性と自主独立の感情がともなわざるをえないのである」と述べている。

「意志」は自由であることから、固有の自主的な考え方に通じるところもあるということだろう。晩年の著『読書について（付録と補遺）[43]』はより実際的な処世訓だが、その中で、〔読書をしてある事物の知識を得るのは地図である場所をとらえるようなもので、実際にその場所に旅してその地が十分にわかる——自ら思索する——のとは異質である」と記しているのも、その一つの現れである。*

* ショーペンハウアーは当書の中で、主体的な思索の難しさにからめて、ヘルバルトを例にして、単に些《さ》事《じ》にこだわることの無意味さを指摘している。フロイトは互いに親和しない哲学者たちの考え方も取り入れて、自分なりの創意を得たといえよう。

フロイトは人間の性本能の源（イド／エス）は生物としての人間に本質的なものとみる。これはショーペンハウアーの「意志」に通じる面があると解することができるかも知れない。自らの経験から得た精神分析の独自性を強調しつづけたことも、自ずからこの哲学者の考えに沿うところだろう。ショーペンハウアーの悲観主義もフロイトの理念の暗さと対比されやすい。このように表面的には類似するところもあるが、しかし成り立ちは違っている。

フロイトはショーペンハウアーとは異なる道を進んでいる。地図からある場所を特定することはできるが、特定の場所に住みながら実用的で広大な地図を作成するのは容易ではない。それを果たさないと経験で得たことの普遍化はできないが、フロイトはこの困難な作業を進めたと言えよう。

他方ニーチェにおいても、この所与の世界はすべてが無意味であり、進歩はなく、同じ苦悩がいつまでも繰り返す永劫《えいごう》回帰である。このように生存が無意味であるととらえながら、しかもその認識から逃避せずに生きることが真の「強さ」である。それは、通常いわれる強者ではなくて、むしろ弱者においてこそ獲得できる力であるとする。

ニーチェは一時従軍したが、その後とみに身体の健康を失った。その悩みは深いものであったが、まさにそのことが、つまり「彼の病気の積極的な価値が、彼の常時の問題となる」[33]。病人やひ弱な身体においてこそ生きることが強さを求めるものである。その強さは健康人が誇示する強さではなくて、生きぬく構え——生きることの価値づけの大きさ——である。ここで価値とは生に意味を与えることであり、それによって生を統御できる。弱者はこの力を覚るとき、自らあえていっそうの負荷を担うことでいっそう大きな力を獲得してやがては超人に至る。

　ニーチェはその主著の『ツァラトストラ』[37]で、「強くして負うに堪え、而も畏敬を内在せしむる精神にあっては担うべき重圧は多い。かかる精神の強さは重きもの、最も重きものを要求する。……(それは)わが身病みながらなお看護人をその家に帰らしめ、わが欲するところを聴く能わざる聾《ろう》の人を身近くにあらしむることではないのか?……ここに精神は獅子に転生する。獅子は自由を追って之を捉えんとし、己の砂漠の支配者たらんと欲する」と述べている。

　ニーチェに直接は関わりないとしても、フロイトの生きざまはニーチェの理念を体現しているとみられる面がある。フロイトが十数年にわたる癌と数えられぬほど繰り返された手術の苦痛に耐え、親族・知己を失い、ナチスに迫害される中で、思考が鈍るがゆえに鎮痛の麻薬を拒みながら精神分析学の著作を続ける姿はニーチェが語る言葉を想起させる。

　ニーチェの思想は一般大衆の価値観とは逆の観点をとるために民衆には理解できない。彼の考えの筋はある面(例えば著作『道徳の系譜』[38]の一部分)をとれば、民衆の側に立つようにみれるとしてもである。ニーチェ自身も彼らに理解を求めないし、自分を彼らとは違う例外とみなしている。

しかしフロイトとどこか相通じるようなものがあるとみるのは誤りだろうか。

例えば、フロイトは夢において人間の原始的遺産を認識しようとする。そのことにからめて「ニーチェは夢の中には『一片の原始の人間性がはたらきつづけており、われわれはそこへ直接には到達しがたいのだ』と言っているが、このことがいかに適切であるかがよくわかる……[17]」と記している。なお加えるなら、ニーチェとフロイトの間には交際期のズレはあるにせよ、ルー・アンドレアス・ザロメという共通の親しい女友達がいたことも見落とせない。

(3) 治療実践の中の実存——精神分析と現存在分析

フロイトの分析療法は、対象視した患者の心情から、身体症状の病因を手術によって取り出すように、心理症状の負因である無意識を操作的に取り出して処理するという——こうした俗見に従えば、この治療方法は科学的技法に近似しており、人間を生物学的な自然人とみる彼の人間観の一面にも合致している。だが、こうした把握だけで精神分析の妥当な理解に達することができるかどうか。

この療法への現象学的な接近は別のとらえ方を示している。フロイトと親しかったスイスの精神科医ビンスワンガー Binswanger, L.（1881–1966）と、その次の世代のチューリヒ大学教授ボス Boss, M.（1903–1990）の立場は、その先駆的なものである。彼らのとらえ方をまとめると、フロイトという人間と精神分析の在りようを、単に客観的に／機械的なものとしてとらえるのではなく、主体的な関わりに基づくものとみる。彼らは自分たちの理論を現存在分析と称している。これは専門の哲学者ではなく同業の精神科医からの精神分析への哲学的な提言として注目される。

ただし、彼らの提言はブレターノの哲学のフロイトへの影響関係と同列にはならない。フロイトは現象学に対して、幾らか伝え聞くところがあったとしても、多分関心をもたなかったし、影響を受けた点があるとも思っていないだろう。とくにボスの場合は、ビンスワンガーに触発されてはいるが、恐らくはフロイト当人と直かに接してやりとりすることなくして、フロイトや精神分析を論評していると想像される。したがって、これは単なる恣《しい》意的解説とみなされかねない*。現存在分析の意義づけは、ボスの立場で――現存在分析者と自認するボスがひたすら主張するだけ――の話だからである。その意義はむしろ、その後の心理療法家に問われるべきものと言えよう。

* 哲学の分野では、精神科医のいう現存在分析が十分注意されているかどうか。現象学に関する哲学書の中でビンスワンガーやボスに触れたものは見出しにくい。心理学書でもゲシタルト心理に関わる事象を素材にした哲学者メルロー＝ポンティをとりあげたものを見出すのが難しいのと類比できるだろう。

ビンスワンガーの現存在分析は、フロイトの心理治療をフッサール Husserl, E.（1859–1938）やハイデガー Heidegger, M.（1889–1976）の現象学から理解しようとする。しかし、彼の主な関心は、全体としての精神病の症状に対して現象学的に意味を理解しようとすることであった。例えばうつ病患者は、未来に予期される喪失を既に起きたごとくに確信するが、これはフッサールの「実在の世界は、今の経験が過去、現在、未来にわたって同じように続くであろうという推定を、ひたすら前提にすることによっている」という言葉から理解できるという。うつ病の未来視におけるこの推定は、未来志向が無力化することで、過去ばかりが揺るぎないものとなるという問題なのである。[4]ビンスワンガーの関心の幅は大きく、精神分析へのアプローチも全体としての精神病への現象学的理解の一環としてとらえられ位置づけられている。

ビンスワンガーはスイスのブルクヘルッリ精神病院勤務中、同じくスイスで精神分析を研究中のユングが1907年にウィーンを訪ねた際に助手として伴われたというから、フロイトとは古い知り合いである。1912年に癌の手術を受けたときに、フロイトはスイスのクロイツリンゲンまで見舞いに行ったけれども、附近に住んでいたユングには会わなかったのが両者の分裂の一因にもなったともいわれている。

このようにフロイトと親和的な関係にあったけれども、ビンスワンガーが精神医学を全体的に現象学の視点でみる中で精神分析も位置づけようとしたことに、フロイトは必ずしも賛成していなかった。論考よりも分析の実践を優先したからであろう。他方ビンスワンガーの側も、フロイトの自然科学志向に対して批判的な面をもつ。例えば、医師と患者の新たなコミュニケーションの構成に精神分析は盲目だといい、*分析への肯定はまずもってフロイト自身の人間的態度におかれている。

* フロイトは新たな関係の展開を全く無視していたわけではない。転移関係で女性患者の分析医への恋愛感情が真の結婚に至るという稀れな事態があることを記している。[23]

フロイトは「分析医の信念は、分析を推し進めるけれども、しかも直接には関わりなく、信念は方法の前提でありつつも双方は区別される〕[3]と記している。*ビンスワンガーがとくに注目したのは、フロイトの言葉の前段である。ビンスワンガーは〔治療者の信念は一つの人間としての在りようを表すものである。治療者は、科学的というよりも人間的態度をとって、自分をまさに他ならぬ自分として受けとめて生きるような一定の形式をとるべきなのだ〕[2]と言う。フロイトは信念と方法を分けるが、機械的には分け難いのであり、その信念が実際の分析場面で人間的な面を表していたことも示唆している。ちなみに「現存在」とは、〔自分が存在するのがわかり、かつ自分の存在へ関わりをもつ存在者――人間存在〕という意味を含むハイデガーの固有の概念である。

＊　ビンスワンガーはフロイトから1912年4月に受け取った手紙を紹介して、このような趣意を叙述している。

ビンスワンガーによれば、患者において無意識下に抑圧された性欲求を意識化することで神経症的恐怖が消えた場合、その意識は心理機制の操作の成果のみに帰することはできず、患者の存在のすべてが関わっていなければならない。「現象像を生みだす機械装置は、この現象像の意味とは別である……」、「何かについての意識をもつという意味……は、意識をもつ主体、意識をもたれる客体……またこれら全体が私自身にまで遡って関連すること、つまりこの全体と私自身との関係が考慮」されなければならないのである。

こうした意識化の過程をとれない患者もむろん数多いという現実があり、それに応じて成否は素質によるという応答も出るだろう。だが素質がとりあげられるとしても、「……恐怖症をまずもって可能にするところの世界投企を探索し検討する限りにおいてなのである」。つまり素質さえもひたすら対象化されるべきではないということである。当の患者はその素質をもってこの世界に立ち現れて生を展開しうるのだが、しかもこの世界に投げ出され、存在させられることで、その素質はタレントにも負い目にもなるからだ。

ビンスワンガーはさらに次のように述べる。精神分析は人間を自然の産物であり自然科学の対象にしようとする。だが、精神分析はより前向きに「……自然としての存在についてのフロイトの理解を自覚することによって拡張され、深化されなければならない……」と。すなわち「フロイトは（人間を自然の産物として対象的に見たが）本来自然への敬意をもっており、その言説の中で自然の中の未知なるもの、認識不可能なものに触れている。例えば『夢判断』で、どんな夢にも究明しがたい部分があり、それは未知なるものにつながっている……と記している」[3]と述べている。

ボスは、ビンスワンガーが精神病患者を相手にしているのに対して、心身症や性倒錯をとりあげて研究している。例えば、毛皮フェチストについて、「具体的な女の体より末梢的な部分が、部分ながら自己が傷つかないので、恋愛の世界に入る入口の役目を果たしている……。なぜなら、彼らの狭められた世界は、それ自体としては正常な人間の在り方である愛が、身体感覚的領域の末梢的部分を通じてしか実現しえないということ……である」[5]と述べる。* そして、この種の偏った人から逆に、全体として存在する人間をあらわにしていこうとするのである。

＊　こうした論旨からは大江健三郎の小説『性的人間』がとりあげられるだろう。主人公は電車の中で絶えず目配りする痴漢だが、彼の視野に事故寸前の子どもが入ったときに自分の死をかけて身を投げ出して救出する。

さらにボス(6)は、フロイトの機械的な理論による自己破壊は著作の中のことであり、「実践的面では常に患者を全的人間たらしめる努力を止めなかった」と言う。精神分析は、実践の中では精神分析学を離れて、現存在分析が示す世界を表しているわけである。患者にとっては、精神分析がどんな治療理論によるかというより、自分が物的に扱われ、解剖まがいに分析されるという印象がこの療法への抵抗と忌避を招いているとされがちである。ところが分析の実態は、ボスの言うように「患者を全的人間たらしめる」ようなアプローチであるとすると重要な見方の転換が促される。そしてさらには、フロイトの人間観についての一般的イメージの変更を迫る面ももつ。

上記のようなボスの文言は、ビンスワンガーと軌を同じくするように見える。ボスはビンスワンガーを受け継いだ人物と見られている。ボスもビンスワンガーに対し、初めてハイデガーの現象学によって精神分析をとらえようとした先人として深い敬意を表している。だが、それぞれの考え方の力点は違っている。

ボスによると、ビンスワンガーの論説は主観主義的な内容で埋まった主体性論による「現存在」についての問いかけであり、ハイデガーの現象学の中核領域に迫っていない。既述のフロイトの在り方や精神分析へのビンスワンガーの解説には、ボスの指摘の当たる面があるかも知れない。そうではあるが、以下に記すボスの論拠をとるか、ビンスワンガーの段階にとどまるかは現場の実践家の判断にゆだねられるだろう。

ボスは次のようにフロイトを評価する。フロイトは他の分析治療者に対し、必要な気遣いに尽力する――（患者にとって）良しとするところを患者に押し付け、それによって患者を依存者／被支配者化する――態度をとらぬように注意した。また、医師と患者の対面という形は日常的な理解に応じるもので、患者に患者が抱く社会的身分や価値体系を固持させることになるのでとり止めた。対面は、分析の場が日常のそれとは異なることへの抵抗を増大させ、日頃の構えとは異なる精神の支配の獲得を脅かすことになるので回避した。この意味で、精神分析の患者の仰臥《ぎょうが》の状態での中立的面接は重要であるとする。

ボスによると、フロイトの目指すのは、患者をできるだけ分析医の個性による影響をまぬかれさせ、自らの力で自己自身たらしめ、自らの全的存在を責任をもって誠実に自己のものとすることで治癒に至らせることであった。その構えはハイデガーの世界内存在としての人間という考えに沿っている。つまり人間は、存在しながら何か存在といったものを身につけてゆく仕方で実存している。かように「現」に存在する人間をそれぞれの人間が引き受けねばならないことが、フロイトの患者には具体的に現されているとみる。ここで「世界内存在」とは、眼の前の世界-世界に関わり-世界のもとに住む存在という概念であり、「現存在」である人間に応じている。

ビンスワンガーが精神分析療法において技法を超える現存在を見たのに対し、ボスは技法そのものに現存在たらしめるものを認めるといえよう。しかし、患者が医師との関わりを医師から切り離されて強制的に自由連想を促される状況そのものは、現象学的理念に真に妥当するのか。たとえ現象学と照合できるとしても、そこから描かれる人間観はフロイトの人間観を覆うものと言えるかどうか。患者をあえて孤立無援の状況におくことで、患者の抵抗力を培い、自己内の無意識に発する病と闘う力をもたせるというのは理解できないことではない。確かに精神分析は患者に人間として生きる厳しさを求めている面をもつ。しかし、それだけがフロイトの目指す人間像のすべてだろうか。

対面場面が医師の意思を押し付けるというなら、既述の〈事例〉（カタリーナの場合）の日常的対話の場におけるフロイトの態度をどう見るべきか。カタリーナは寝椅子に仰臥させられなかったけれど、フロイトとの間で彼女に「ありのまま」であるような関係が構成されていなかったと言えるか。それは「かけがえのない存在」である人間を引き受けていないというのか。ボスの主張とフロイトの実践状況での弾力的な対応の間のズレが注意される。

ボスはさらに、ビンスワンガーのように主体／主観などと言えば、もはやハイデガーの現存在論に依拠するものではないと言う。それはすなわち、それは客体／客観を対応させ、やがて医学・生物学的知識とそれによる医療行為に陥ると説く。しかし、そこまで言うなら、ボスは臨床現場において不可欠な参加観察――主観と客観の同時過程的参与――の在り方[47]をどうとらえるのだろうか。*

＊　ビンスワンガーは治療過程で、あるときは患者と共同相互存在的コミュニケーションをもち、あるときは客観的観察をするという二様の態度をとっている。これは現存在分析とは言えないとボスはいう。だが、ボスはおそらく集団療法の経験をもたない。集団治療者が集団の中で「自分であり集団でもある」このわが治療集団が、どこを向いているのかを問うのは自ずからのことで、単に客観視とは言えない。

ボスは言う。「世界内存在とは、既に常に同じ仕方で普遍的に現存在の一切の関与の基盤をなしている本質構造に対する……」概念だ。したがって、「心理学においても精神医学においても現存在分析的に提示されうるのは、つねに《ただ》根源的存在会得（自分の存在の中での自分の了解）としての身体と生命の直接的具体的現象である。……現存在分析論の助けによってなしうることは、一人の人間に対する……事実的な態度様式を記述する以外の何ものでもありえない」。

以上を要するに、ボスは一方で精神分析の実践に対するビンスワンガーの現象学的理解が不十分であることを指摘し、より本質的な現象学の把握の下にその適用を迫る。だが他方では、現象学の基礎的かつ普遍的な理念性——それ自体としてある存在に関する理論——を強調しており、これは実用性とは関わりない。理論と実用の間をつなぐ説得力ある思考の筋はどのように求めるべきだろうか。心理療法の理論は治療そのものを発展させなければ意味がない。ボスの主張を顧みるとき、今日、精神分析と現象学というこの二つの学を関連づけるには（関連づけることの必要性の検討も含めて）新たに整理された論考が求められるようにみえる。＊

＊　現象学に正確に依拠しようとする際のボスの硬い構えは，それを説く『精神分析と現存在分析』という同じ著書の中の彼の事例に接する弾力的な叙述ではみられない。ビンスワンガーの事例をとりあげた場合においても，彼の患者への柔軟な関わり方について賛意を示していたりする。

第3節　フロイトとその時代——19世紀末ウィーンの文化と思潮

あるユダヤ人の系譜を仮想してみよう。曽祖父はシカゴのゲットーに東欧から移住してきたが，祖父は外部社会に出て異種族と交流し，父はイタリア人の母と結婚し，妹は異教徒同士の結婚をしている。当人は有名大学の学生で，名前も容姿もアメリカ人風であり愛国心も強い……そのようなユダヤ人をイメージしてみる。彼はボストンに行ったとき，たまたまある機会にWASP（W：白人，AS：アングロサクソン系，P：プロテスタント）であるアメリカ社会のエリート層）のサークルの会合に接し，差別的な不快体験をして，自分がユダヤ人であることをあらためて自覚させられる。つまるところ彼は，アメリカ人ではなくアメリカ系ユダヤ人 American Jew なのである。

その彼が交換学生でイスラエルに旅したとき，かの地では自分はユダヤ系アメリカ人 Jewish American と呼ばれて，よそ者扱いされた。多民族国家イスラエルではアラブを敵視することで国民の結束を図る面がある。こうしてシオニズム一色のナショナル・アイデンティティに満ちた国で

は、アメリカ系ユダヤ人は歓迎されながらも、堕落した不純なものとみられる傾向が一部にある。(46)

自分は一体何ものか、ユダヤ人なのか／ユダヤ人でないのか。そもそも「ユダヤ人とは誰なのか」――特殊宗教の信者群か、ある人種か、ある部族か、それとも、と自問しないではいられないのがさまざまな国で生まれたユダヤ人である。この絶えることのない同一性の混乱を生きること――諸文化のるつぼでの内面の価値葛藤そして孤独――こそがスピノザやアインシュタインやマルクスなどの偉大な創造を導き出したという説がある。

だが、彼らの創造性は同時に彼らが生きた土壌の文化的・社会的混淆《こんこう》に裏づけられている。それは現在のイスラエルのユダヤ人の生活環境とは著しく違う風土である。ドイッチャー Deutscher, I. の言うように、そこは「非常に異質的な文化が互いに影響し合い、養う地域(10)」であり、その典型ともみられる19世紀末オーストリアのウィーンに生きたことが、フロイトの思想を成熟させたとも言えるだろう。

オーストリアを軸とするハプスブルク帝国の皇帝は、18世紀末から民衆への抑圧的支配を脱して部分的に民権を認め、いくらかの自由・解放政策をとり出していた。帝国崩壊の兆候を感じ取っていたのだろう。その後50年間は宰相メッテルニヒの強権政治が続いたが、これも単なる反動ではなかった。革命後の自由主義フランスとツァーのロシアの間で、多民族国家オーストリアとしていかに均衡をとるかの課題に応えるものだった。

しかし、自国語で語ることで国家意識をもちつつあった属国ハンガリーやポーランドの民族主義の高まりとオーストリア内の自由・民主思想の運動は、遂に1848年から49年に爆発して革命になった。皇帝による鎮圧は一時成功したかに見えた。だが、世紀の後半に入ると、プロシャとの抗争に敗れ、自由主義・啓蒙主義そして自然科学への信奉が一段と勢いを増した。しかも同時に右翼の反動的な勢力も増大した。これに皇帝一家の悲運も加わって、19世紀末になると皇帝フランツ・ヨーゼフの政策は議会との妥協の繰り返しになり、右往左往して全く筋の通らぬものになっていた。反ユダヤ主義のウィーン市長の任命が国会で繰り返し拒否されながら、結局承認されたことなどもその一つである。

近代文化史書の一つ、ショースキー（Shorske, C.）の著『世紀末ウィーン』[44]には以下のような描写がある。当時のウィーン文化の特徴は伝統主義と近代主義の異常な結びつきがつくり出したものであった。貴族主義、民族主義、社会主義、資本主義、あるいは啓蒙主義、ロマン主義が互いに結合したり反発したりして時代は混沌《こんとん》としていた。当時の風刺作家ムージル Musil, R. も「……どこへ行くのかは誰も知らなかった……何が上にあって何が下にあるのか、何が前進し、何が後退しているのか、誰もはっきりと区別することができなかった」と述べている。

混沌とは、その渦中の個々人においてまさにムージルのような言葉がこぼれ出てしまうことなのだ。そして、そうした言葉と共に各々がどう思い、どう動くかである。性表現に新たな生き方を求めた画家クリムト Klimt, G. は、政府依頼のウィーン大学での連作天井画のテーマを時代の流動の中で次々と変えさせられたし、政治的アジテータのシェーネラー Shönerer, G. なる議員はその流動にのって、貴族ぶった自由派から社会民主派へ、反自由主義へ、さらに左翼を煽《あお》って反ユダヤ主義の右翼へと変貌し、時代を泳ぎまくったのである。

当時はクリムトをはじめとして、自由・革新・進歩を旗標とする多くの文士、芸術家、建築家、俳優が輩出し、さまざまなグループをつくって、たむろして議論したり活動していた。思想を部分的に共有し、影響し合う点はあったにもかかわらず、フロイトが彼らと一線を画して交際しようとしなかったのは注意すべきことである。彼の科学者としての誇りがこれらの文化人とは生きる世界を分けていたのである。[31]

この時代、ユダヤ人はオーストリアではまさに帝国の国民であった。市民的・経済的存在を得ていた相当数のユダヤ人は、その民族的共同体ゲットーに依存せず、出自を超えて国の民たらんとしていた。また皇帝の宥和策も彼らを受け入れていた。何人かのユダヤ人は大臣にさえなったという。第二次大戦直前にナチズムがこの国を覆ったとき、フロイトがオーストリアのナチスはドイツのナチスと違うと信じ、周囲が熱心に亡命を勧めたのに、末娘アンナが拘束されるまでウィーンを退去しなかったわけもこうした根をもっている。

フロイトがリビドーに基づく性欲論、発達論を提示したときは、今日では想像できないほどの激しい社会的反発を受けたという。学会では著名な学者や医師から精神分析は学問でないと攻撃され、分析派の治療者は不道徳な卑劣漢であると攻撃された。このような非難はヨーロッパ各地で起こっていたがとくにドイツでは激しかった。そして実際、第二次大戦に入るとナチスによって精神分析関連書は禁書扱いにされている。それ以前とはいえ、精神分析の性欲論は自由、混沌の世紀末ウィーンでこそ表すことができたのだ。

しかし、現実のフロイトは地味だけの科学者ではなくて、むしろ強い功名心をもつ面があった。教授職もかねがね望んだことだが、ユダヤ人であり反倫理的でもあるとの理由で拒否されつづけていた。1902年にようやく員外教授になれた。ユダヤ嫌いの文部大臣のせいもあって、評価の揺れ動いたであろう教授会の振り子がようやく彼に傾いたのだ。これは一面喜ぶべきことだが、彼にとっては社会との妥協、屈辱と義務を負わせるものでもあり、苦い結実と言える。*

＊ フロイトの傑出が当時の社会状況と彼自身の矛盾した人格の産物であることを、ロベールは次のように言う。彼は「外見上は遵法主義で心の底は反逆者、趣味からはブルジョワ的だがその明晰さによって革命的であり、さまざまな慣例を尊ぶものの……体制の徹底的な転覆者である……」[40]。フロイトが教授昇任のために任命権者につけとどけを行ったというのも、その錯綜した性格の一面を現しているし、「もともとはアメリカ人嫌いなのに、多くのアメリカ人患者を診て生計を立てていたのもその一面である」[9]。

実際、彼はアカデミズムから離れて、その仕事のほとんどすべてを自分の診療所で成し遂げている。しかし、彼がこのポストを受け取ったことで人間関係が発展し、膨大な著作が公刊され、社会にもある程度受け入れられ、そして後人はフロイトから多くのものを学べたことも否めない。クレマン Clément, C. のフロイト伝[9]も彼に終始「教授！」と呼びかけることで綴《つづ》られている。

フロイトには甚だ多くの矛盾がある。それは職業的・社会的な面のみならず、性格面に色濃く認められる。非常に慎重なのに、ときに甚だ軽率なこと、同調を拒むように見えるのに名誉欲が強く、孤高でありながら人を恋しがり、自主的な半面で被影響性も大きく、論理的なのにロマンティックである。若いときからしばしば、神経症的に自分の死を口にしながら、現実の死に面と向かっては驚くべき強靱さを示す。そして、彼の『夢判断』は主として非客観的で特異な自己分析――フロイトも「愉快ではないが避けられない」と言う自己暴露――であるし、分析理論そのものも、ところどころで自らのエディプス・コンプレックスを下敷きにしていると評論家は述べる。しかもこうした体験から普遍的な理論が導き出されている。

フロイトがロンドンで亡くなった際の作家ツヴァイク Zweig, S. の弔辞は、〔フロイトの並外れた誠意が比類ない率直さをもって、直ぐにのめり込み、やがては分裂して裏切りさえする他者からも、相手の心に立ち入ってさらなる真実を生み出した〕[31]ことを示唆している。例えば彼は、自分の経過した諸時代、ブロイアーとの親交からは「自由連想」、フリースから「象徴性」、アドラーから「攻撃本能」、ユングから「神話と神秘性」、ランクからは「自律的自我」等々を導き出したと推測される。これらは彼が他者への信頼とその破綻の中からさえ、有意義なものをしっかり受け取っていた抜群の能力を語っている。*

* ツヴァイクが述べたこの関係は、別の立場――弟子のアイディアを盗んだととる立場、師と弟子の間は互いに影響されて区別できないとする立場など――からも、いろいろと論評されていて研究者間の厄介な問題である。

まとめ：フロイトの人間観とは

フロイトの人間観は年代により移り動いていっているので、特定の形ではとらえにくい。彼の人生の転回点を手がかりに総括的に顧みてみよう。

19世紀末、フロイトはヒステリー患者にとって自己のコントロールを超えた、無意識の領野に抑圧された性欲求を意識化するやり方で患者を解放した。これは彼自身どうしようもないユダヤ人としてのくび木を解き放ち、自由な人間になることと二重写しになっている。そして、この道程にはユダヤ教とのアンビバレンツな関係が絶えず背景にあったことも重要であろう。

その後、第一次世界大戦中、不条理な死と悲惨を目のあたりにしたフロイトは、全体として快を求め、不快を避ける心的活動だけでなく――生の本能だけでなく――同時に人は同じことを繰り返し、自他を破壊し、死を求め、やがて無に帰する衝動をもつという仮説を立てた。これは観念的な論考である。だが彼としては、どこまでも臨床の経験に基づいての発想であった。すなわち、サディズムやナルシシズムにおける破壊と生産の同時生起に注目したのだ。

やがてナチスに追われ、病に苦しみながら、彼は「媒介役／調整役としての自我」から、その筋道を失うことなく「自律する自我」を誕生させ、人間の未来に期待している。死に面と向かって人間の主体的な生き方を一歩ずつ学的に示した。これはまたフロイト以後の精神分析の展開――「自我とは何か」の探求――を導くのである。

フロイトの人間観をあえてまとめるなら、表面上の決定論を超えて、むしろ人間を不可避な運命や閉塞に挑戦し可能性を探求すべきもの、あるいは、個人としてのとらわれから解き放たれて、世界人として自由に生きるべき存在とみている。科学的真理の追求もその現れといえる。

ただし、そこでは一定の社会適応が前提になっている。その適応はある種の中庸の維持である。フロイトは人間を呪縛から解放して自由にする、当時の諸々の自由主義風な活動に賛成していた。しかし、自分については戒律的な厳しい態度を常に保っていたし、患者にも衝動の恣意的な表出や行動を是認せず、ある種の抑制（抑圧ではなく慎み）を伴う生き方を求めていたのである。

このことは患者の多くがおおむね中‐上流階級であったことと無関係ではないだろう。ほどほどに抑制された生き方を良しとするこれらの患者たちには精神分析はさほど無理なく受け止められた。だからといってフロイトは、自分がこうした階層の一員だと思っているわけでもなかった。心の中ではこの階層に憧れながらもである。

フロイトは主として人間の暗い面に眼を向けているという批判がある。だが彼の人間観は、厳しさを通り抜けてようやく自由を得られるというのではないだろうか。無意識の問題にもからむユダヤ人の同一性喪失は決してユダヤ人だけの問題ではない。それは正体不明の何ものかによって動かされ、自己を喪失した現代人すべてが面することである。「一体、『われわれ人間』とは誰であり、われわれは何ものであるかという問いに対して、いまだかつて現代ほど回答の与えられていない時代はなかった……」[2]。この重要課題に対してフロイトは精神分析という一つのすぐれた応答を行った。フロイトは「人間はきびしい試練に耐ええないことをおそれているだろう。しかしそれでも希望をもとうではないか。人間が自分自身の力に頼っていると知っただけでも既に相当なことなのだ」[27]と述べるのである。

第3章

モレノとサイコドラマ

第1節　サイコドラマのあらまし

1　集団心理療法の進展

グループ・アプローチや集団心理療法、家族療法、さらにコミュニティ心理学に関わる人々は、常に具体的な集団関係・社会関係を問題にする。家庭や地域や職場の物理的・人間的環境や制度や法規・条令などを含めた教育・社会福祉・医療――日常の社会活動――の中で、個人の心の問題を処理しようとする。これらの活動の姿勢に共通するのは、個人中心／心理偏重でも、社会中心／社会偏重でもなく、一種のミニ社会の中での個人を焦点にして、はたらきかけるものである。

集団治療活動の発展の一つの契機になったのは第二次世界大戦であった。大戦が勃発《ぼっぱつ》して戦場で神経症に陥った兵士が続出するようになり、数少ない個人心理療法家はとうていその需要に対応できなくなった。そこで、患者を集めて心理的治療を行うことが経済面からも必要になったわけである。しかし、そのようにして集めた人々は、やがて単なる群れではなくなり、互いに交流し合うグループ――全体としての雰囲気や文化をもつ集団――になっていった。こうして、集団心理療法が発展した。

アメリカでの復員軍人病院（Veterans Administration Hospital）でもこの種の諸活動があったが、全体としての生活の面を総合的に推進するものとして、イギリスの精神科医M・ジョーンズ[15] Jones, M. の治療共同体（Therapeutic Community）――施設をまるごと治療化する、あるいは病院を一つの社会にする構想と実践――はその一つの帰結であった。

だが、治療者にとって、一人の患者に対応するのと複数の患者や集団に対応するのでは構えも体験も異なる。このような場では、患者の「鋭い批判や敵意、とくに医師に対するものが稀ではない。全集団が取り乱したりすると、葛藤を解決する方策を立てるには医師の豊かな技術が必要である」[27]。

集団心理療法には多くの種類があるが、いずれにせよ、参加者の間のさまざまな相互作用が重要な機能である点は共通する。治療者とメンバーの間、メンバーとメンバーの間のやりとりで集団全体が発展して、メンバーの意識変化が現れて課題解決が進む。言語のみでなく非言語的な媒体――ダンスや描画や音楽やある種の作業――を通じて実施される場合もある。前者をとくに集団心理療法と呼び、後者を活動的集団療法と名づけることもある。ただし、活動法では介入する要因が複雑であり、集団の構成や発展を体系的に把握することがいっそう難しい。

2　サイコドラマの誕生

活動的集団療法の一つがサイコドラマである。サイコドラマは問題を抱えた人に心理関係と社会関係の両面にわたって接近する。「心」と身体ごとの「行為」と「物や事」そして「個人や集団」をからめた場に患者やクライアントを参加させて行為を変える、総合的な治療法である。

まず仮想の社会生活場面をつくり、参加者はその場面に登場する「役割」を仮定して「演技」——ロールプレイ——をする。だが、まさにその場面で、現実の社会生活と同様な対人的・心理的葛藤が生じることがある。したがって、治療者は治療場面で患者との生《なま》の直接的なやりとりによって問題解決の手がかりを与えて、患者を社会に送り出す。この点は精神科医療におけるかねてからの論議である、「心を変えることで生活が変わるか、それとも生活を変えることで心が変わるのか」——心理療法優先か生活療法優先か——の問題(14)に対し、その両面を併せもつサイコドラマが応えるところである。

サイコドラマの創始者は医師J・L・モレノ(1889–1974)である。1920年代初めのウィーンにおける即興劇場(自発性劇場)の創設がその出発点とされている。* この方法の社会的是認を促し発展させたのはモレノの功績である。彼は身体医療を主とする医師であるよりも、社会活動に重点をおく社会精神医で、サイコドラマと共によく知られているソシオメトリー(互いの選択/拒否に基づく社会計測法)の発案者でもある。集団心理療法という語も自分がつくったとモレノは述べている。サイコドラマは治療を目指す一種の即興劇だが併せて全体として集団心理療法でもあるし、また、サイコドラマの中での自由討論の部を集団心理療法とみることもできる。けれども両者は同一ではない。サイコドラマにおける主な技法のロールプレイは1対1の個人心理療法の場でも活用できる。

＊ モレノは突然にサイコドラマを思いついたのではないだろう。彼はもともと演劇に関心をもっていたし、この方法に関する歴史的故事も知っていただろう。原始時代から魔術的なサイコドラマ風演劇があった。18世紀末にJ・ライルなる人物は治療劇場と称するものをつくっていたという。これはスタッフがさまざまな配役を演じ、患者もそれぞれの個別状況に見合った役を取って演じたものだったという。

サイコドラマは1950年代前後に、主に松村康平（1917-2003）と外林大作（1916-）によってわが国の心理臨床や教育の場面に導入されて、「心理劇」と訳された。だが、やはりその頃に紹介されたクライアント中心療法に比べると、日本の臨床現場や教育現場で活用されることが多いとは言えない。この国の教育・矯正・医療等のほとんどの施設・機関においては治療・教育的な集団活動が日常的に行われている現状を顧ると、この方法が日本人に合うように修正されて、いっそう活用されることへの期待は大きい。

活用が少ないことには幾つかの原因が考えられるが、その一つはサイコドラマでさかんに行う、他人の前で身体を動かして演技をすることに対する恥ずかしさ／抵抗感であろう。とくに日本人にはその傾向が強いようにみえる。

モレノは行為こそが創造的な気づきを与えるとし、精神分析の行為化（acting out）と対比して、フロイトは禁じるけれども自分はむしろ行為化を促進すると述べている。サイコドラマティストのブラトナー[6] Blatner, A. は、行為が認知的な体験にフィードバックされる状況を強調して、アクティング・イン（acting in）という語を提示している。単に身体活動だけを強調しているわけではないという意味で、理論的にもこの点は重要である。一般的に言って、こうした考え方は妥当である。だが、サイコドラマに参加する当人には理屈以前に現実の恥ずかしさに耐えられないことがある。

アメリカ人のサイコドラマでは、日本人で起こりにくい／起こしにくい反応がしばしばあることが（文化の差として）注意を引く。先述のように、他人の前で身体を曝すのことへの抵抗の他にも、自分の問題は他人に頼らず自分で解決すべきであり、「ウチウチ」のことは他人に喋らないのがマナーであるという構えが日本人（とりわけ男性）には抜きがたくある。逆にアメリカ人は夫婦の間の性的なトラブルさえも、当の夫婦がサイコドラマでそのトラブルを演じてみせたりする。サイコドラマ場面で治療者が患者を抱きしめたり、患者が興奮し、号泣したりする。ときには補助者のスタッフまで興奮し、激情的になる有様である。が、演技した患者もスタッフも場面が終わると何事も無かったように平静に戻って普通に振る舞う[40]*。

＊　一部のサイコドラマティストでは、参加者がかように泣き出すことをもって効果があったとか、正統なやり方であるととらえる向きさえ見られる。「泣いたこと」を「場面の妥当さ」の指標とみているとすれば妥当ではない。

おおむね以心伝心で通し、淡白な日本人はこうした情況には合わない。サイコドラマには遊び（プレイ）の面があると言われるが、一部参加者にはそれどころではない。監督の操作は過度にしつこい指示として感じられ、そうなるとその場を去るか、あるいはショックを受けてその感情が糸を引いてトラウマになりかねない。こうなればアフターケアーが必要になる。

アメリカではサイコドラマは日本よりはるかに多く採りいれられ、ワシントンのセント・エリザベス病院では、全米の精神病院のスタッフのための規模の大きいサイコドラマ研修棟さえ設けられていた。だが、かつて（1970年代）筆者が出会ったニューヨークのベルヴュー病院*の臨床心理士は、「ここでは使っていない。サイコドラマは変わった人がやる変わった方法だ」と言っていた。アメリカにもサイコドラマに対する拒否反応が一部にはあるようだ。

＊ ベルヴュー病院は言語性知能尺度と共に動作性知能尺度を採りいれた、著名な知能検査（ヴェクスラー・ベルヴューテスト）をつくったヴェクスラーがかつて勤務していたところである。

実際に問題なのは、サイコドラマを多くの臨床現場がどれだけ消化できるかである。この方法を型通りに用いるのは状況によっては困難である。実施可能な広さをもつ場所の確保・整備が必要だし、経験ある熟達したサイコドラマティストも採用せねばならないし、適切な研修も必要であるし、現場で参加者に合った修正ができることも肝心である。これらはいずれもサイコドラマの実施を難しくする。

しかし、サイコドラマでの身体行為による表現とそのやりとりは言葉以上に患者（役割演技者）に強いインパクトを与え、ときにはまさに劇的な治療効果を生む。これを身体医療に模して言えば、内科的というより外科的な手法である。

モレノ門下のヤブロンスキー Yablonsky, L. は地域で目覚ましい犯罪予防活動を実践していた。街頭でまさに殺人行為をしようとする少年たちに声をかけて、サイコドラマに引き込んで重大犯罪を未然に防いだ。[47] 心理治療で、たとえ適用例が限られるとしても、* これほどの実際的な効力をもつ方法を他に求めるのは難しい。状況に合わせて弾力的に活用するなら、さらに役立つ機会が増えてこれを取り入れる施設や機関も増えるに違いない。

＊ モレノとの討論でソロキン Sorokin, P. は述べている。[25]「……いつでも、どこでも、できるだけ直接的生活経験についてこの技法を使い、実際生活の中で真の役割を演じることを好むのだが、多くの場合にこの技法は適用できない……役に立たない」と。

3　サイコドラマの創始者：モレノ

モレノは1889年にルーマニアの首都ブカレストのスペイン系ユダヤ人社会で生まれた。幼児の頃から劇が好きだったが、地下室で遊んでいたときに劇ごっこをやって、自分が神の役をとって高い場所から他の子どもたちのいる床（下界）へ飛び降りたところ骨折したという話がある。

1895年頃にオーストリアの首府ウィーンに家族と共に移動し、その地を短期間離れたが、また戻って1909年にはウィーン大学に入って医学を習った。1912年に当時既に有名だったフロイトと一瞬ではあるが大学で出会っている。モレノの方から議論をしかけたが、フロイトとの間で会話はなかったようである。1924年に即興劇場／自発性劇場（サイコドラマの前身）を始めた。しかし伝記作者のR・マリノー(21)によると、劇場デザインのことをはじめとして対同僚・女性関係などで種々のトラブルが生じ、その後1925年にはアメリカへ移住した。

1930年代に入ると、刑務所や女子少年院でソシオメトリーを開始した。1936年にハドソン川沿いの町ビーコンで、1942年にはニューヨークで治療劇場を開設。1950年代からは世界各地における会議や講演で歩きまわる。国際的にもサイコドラマが広まった。彼は1946年～1969年に「サイコドラマ」という題名の3巻（Ⅰ～Ⅲ）の書を著し、1974年に亡くなった。サイコドラマⅠは、主として理論と実践の基礎的な意味あるいは概念を記述しており、サイコドラマⅡは、モレノがさまざまな心理臨床家や精神科医との討論によって理論や技法を検討し錬っている。そしてサイコドラマⅢでは、実例を挙げながらモレノの考え方が重ねて披露されている。

ビーコンの施設は研修劇場とサナトリウムと研究所を兼ねたものとして出発し、モレノの死後1980年代初めまで二度目の妻のザーカによって運営された。ザーカはモレノの活動の忠実なコピーに努め、彼の死後しばらくはこの研修の場において医師、研修生、一般社会人と共に精神障害の患者も含めたサイコドラマを行っていた。彼らの一部はビーコンに滞在していたが、健常者と精神障害者が共に観客となり、舞台に上がるのは互いの理解に役立ち、われわれ感情を培うとされた。だが、双方が初めての参加者の場合は、ときとして抵抗を生むのを筆者は短時間のビーコンでの研修で体験した。

モレノは晩年にバルセロナ大学から名誉博士号を受けているけれども、大学教員として勤めたことがなく、研究者というより総じて社会活動家であったと言える。その交際範囲は広い。多数の文化人、実務家、一般庶民と若干の文科系／社会系学者から受け入れられた。他にいくらかの精神科医と交流しているが、他の集団療法家とは立場の違いからか接触は少ない。アメリカにおいてはサイコドラマの学会が集団精神療法学会とは分かれて催されている。

第2節　技　法

サイコドラマは原則として台本をもたない即興劇である。即興ということと自発性を発揮することとが結びついている。自発性は演じる者自身の重要な動因であり、体験にもつながる。サイコドラマのテーマは主に現実生活の中から出てきて、しかも仮想のサイコドラマそのものがエッセンスにされた／誇張されたある種の現実でもある。モレノはこれを余剰現実と呼ぶ。サイコドラマでは観客の心情も揺り動かされるけれども、演じる者自身の考え方や人間関係の持ち方が変化し発展することを重視する。これが通常の演劇と異なる点である。モレノの挙げた例では、プロの役者でさえサイコドラマに基づいて演技したことで生活を改善した。貞淑な婦人の役を演じていた女優の実生活での粗暴な態度が、モレノの指導による、舞台上での粗野な女の役の演技によって家庭生活が沈静化したという。以下にサイコドラマの手順と技法の根幹のみを記す。

手　順

サイコドラマはウォーミングアップの段階からはじまり、実演を行い、その体験の分かち合い（シェアリング）を経て、一応終了する。ウォーミングアップのときから言語的／非言語的ロールプレイを行うが、実演の段階ではそれが具体的に、焦点的に行われる。

ウォーミングアップ：演者の自発性を徐々に高める手法である。参加者（患者や研修生など）がサイコドラマを初めて体験する場合はむろんのこと、既に何回か経験している場合にも必ずウォーミングアップは必要である。これはある意味で監督のウォームアップにもなる。自由な話し合いの形をとる場合と、体操やジェスチャーやゲームなど非言語的な形をとる場合と、双方を折衷した場合があるが、いずれにせよ漸次に主題が引き出される。

実演：おおむね話し合いで示された課題を焦点にして主役を決めてロールプレイし、劇化することである。モレノはウォーミングアップが自然に発展して実演に至ると述べている。だが、ウォーミングアップの段階から実演に移行するのは経験の乏しい治療者には難しい。治療者は個々の参加者にロールプレイを指示する前に、自発的に役をとるようになる場面設定に努めねばならない。

シェアリングと終結：実演の後のシェアリングでは、主役の体験表明が中心となるが、併せて他の参加者も主役の体験に自分を関連づけて自由に感想を述べ、さらにそれぞれの体験も表出して、全員による自由討論／集団心理療法の姿をとる。その結果、新たなテーマが出てくると、再び実演を行う。この展開がない場合にはサイコドラマの一つのセッションが終わる。

構成要素

サイコドラマは監督、助監督である補助自我、研修生や患者として参加した当療法の主な受益者である演者、観客そして舞台からなる。

監督：サイコドラマの演出者、指導者そして治療者であり、この活動全体の責任者である。

補助自我：監督と参加者（演者や観客）を媒介する役を負う。メンバーを支え、ときには場面から落ちこぼれたメンバーを援けて参加させる。

演者：留意すべき点は、うまく演技をしようとするのではなく、もし仮に自分がこの場面で、このような役割をとるなら、自分ならどのように行為するかを念頭において演じることである。

観客：観客は、次の場面では演者になるから同じ参加者である。観客は不可欠な要素ではないが、演者を支え、体験をシェアーし、グループとして共通意識をもち、サイコドラマの機能を発展させるには有用である。

舞台：舞台には椅子や小卓など二、三の物の利用が含まれる。その場合の物は本来の特性を外され（例えば、ある椅子で、ある人物を仮想するなど）いろいろなものにイメージされたモノである。そして舞台は場所を構成する物的側面である。

観客の座るフロアーが現実社会を表すなら、舞台は思い切った自由な表現を受容するところである。演者の特性にもよるが、舞台に上がると、ある種の意識変容が急速に生じることがある。[40]

監督は自分なりの技法を創り出してよい。だが、少なくとも基本技法に習熟している必要がある。基本技法には、役割交換、二重自我、独白／傍白、鏡などの技法がある。例えば、二重自我（ダブル）とは補助自我がある演者の傍に立って、二人で一人の演者を演じるように振る舞い、喋る。サイコドラマの目的／効果は一定ではない。提示された課題の解決だけが目的ではない。参加者ごとに異なる効果が生じる。また、参加者間のコミュニケーションの深まりや広がりも効果の一つであって、この点はソシオメトリー的視点に関連する。

事例——妄想の恋人と結婚した女性

モレノがスタッフと共にビーコンのサナトリウムで取り組んだパラノイアの患者の治療例を示そう[26]。典型例ではなくて、どちらかというと特殊例で、集団療法と個人療法の複合的形態である。つまり、1人の患者に複数のスタッフが関わっている。だが、使われた種々の技法は典型的である。以下にその概要を略記した。

マリーという若い女性がかつてXマスのパーティでジョンという青年とほんの2～3分口をきいた(これも当人の話なので事実かどうかわからない)。その後は二度と彼に会うことはなかったのだが、彼女はジョンと今直ぐにも結婚できると思い込んだ。マリーへのサイコドラマ療法がはじまった。

仮想的現実の段階

ジョンとのコミュニケーションの手段として、まず第1セッションでは彼と手紙で交信するという虚構の関係をつくりあげた。それを仲立ちする友人という役割をスタッフのWがとった（補助自我の機能）。ジョンからの便りにより、彼が軍隊にいっていることになった。第2セッションでは、マリーからジョンが彼女の父に会いたいと言っているという言葉が出て、観客の一人が父親を演じた。第3セッションでマリーの不安が高まり、一応、代理人としてWを立てて誓約する結婚式をあげるようにジョンに勧める手紙を出した。結婚式が舞台で行われ、これでマリーはいくらか安堵して落ち着いた。

置き換えの段階

マリーとWの親密の度合いが深まったので、ジョンに死をもたらすときがきたとみて、それをドラマ化した。劇中、マリーはヒステリックになった。スタッフのJは彼女の前でさまざまなマリーを演じてみせ（鏡技法）、彼女は次第に現実を受け入れていった。

明確化の段階

この段階の第1セッションでは、彼女の現実の姉妹がスタッフと共に登場した。彼女らは、マリーがサナトリウムに来る前にジョンが彼女との交際を拒んだことをやってみせた。マリーは烈しく興奮したが次第に落ち着き、虚構の土台はとり外された。そして最終セッションになった。彼女が病院にくる以前に彼女に魅かれていた若い男が実際に登場した。マリーはWからこの男へ気持ちを移していった。このセッションの直後に彼女は退院した。

検討課題

この事例では、巧みな場面操作／場面転換によって、彼女のとらわれていた非現実な観念が漸次に現実化していった。各段階は治療の最初から想定していたのではなく、サイコドラマの展開過程で進んでいったのである。妄想の対象のジョンからスタッフWへ、Wから現実の青年へと役割を移行させていること、観客が父親の役割を演じ、スタッフの補助自我がマリー自身を演じた鏡技法など、マリーの非現実の世界を次第に現実化していった道程で種々の技法を活用している。マリーをスタッフ一同で支持しつつ、ドラマを少しずつ現実へ移行させている。

この治療の焦点は患者の妄想をそのまま舞台で劇化し、現実化していることである。マリーの妄想のままにジョンとその人物を取り巻く人々を登場させている。つまり、これらの役割関係で妄想の欲望の世界――いわゆる余剰現実――をつくりあげている。

このことは、マリーの欲望が個人的なものであっても同時にすぐれて社会関係的なものであることを示しているが、ともかく彼女の欲望にできるだけ近いものである。しかし、それはどこまでも妄想であるから、実演に移ると、どこか現実に合わないほころびが現れる。ほころびが生じると、彼女は役割を演じ切れずに、外側からそれを注視するようになる――そういう彼女側の変化も生まれる。監督は時を移さず彼女の世界――彼女と彼女を取り巻く役割関係――を変えて真の現実へと移行、発展させてゆく。それによって彼女の心理も行動も変わり、現実的になる。

これを要するに、サイコドラマでは、まずもって空想的な現実を確立するという方法によって、体験の客観化――真の現実化――のための手法を与える。意図的に妄想に合わせ、それを誇張し、増大することで、その特有な心的症候群で動的にはたらくものがあらわになり、それを乗り越えることができるとする。

かような事態の変化の背景には、モレノの言うように、役割行為は当人が関わるが、役割は役割としてそれ自体ではたらくこと、また、ある他人の役を演じてその他人の顔をとる際も、顔はマスクとしてそれ自体ではたらくということがある。

この事例は、行動療法の立場からすると、系統的脱感作*に類似するようにもみえる。しかし、サイコドラマの立場からすると、ウォーミングアップの積み重ねの結果である。また、精神分析的にみると、ジョンは彼女の亡くなった父親と同一視されてはいないかなどと解釈されるだろう。この仮説はサイコドラマそのものの中でテストされ、否定された。

* 筋弛緩《しかん》と階層的不安、そしてこれらを拮抗させ、段階的に低不安から高不安へと進めることで不安をのり超えさせる治療法である。

また、この事例では、彼女の自我に焦点をおいてとらえることもできるだろう。人はその欲望を頭から否定される場合と、実現に向かって周りの協力がありながら、しかも挫折する場合とでは、欲望の目標を放棄する態度が異なる。後者では自我の関わり方や受容性や耐忍度は前者とは違っているだろう。

ともあれ、ジョンはマリーがつくった創作物であって、ジョンを彼女はいつでも・いかなる場所にも出現させた。それは終わりのない妊娠のようなものであり、補助自我の支えでようやく落としどころを得たとモレノはみている。彼女が果たせぬことを自分なりに果たそうとし、しかも治療的にもそれを支持して舞台上で現実化して、つまるところ果たしえないことになるという結末の支援の仕方が描き出されている。

だが、このやり方は同時にまた一つの課題でもある。この展開は妄想をさらに発展させ、弱い自我を崩壊させないかという批判があるのも知っておく必要がある。

第3節　理　論

1　自発性と役割と創造性

自発性はサイコドラマにとってきわめて重要である。自発的にロールプレイすることで、いっそう自発性が増大する。自発性に焦点をおくことはまた、演者の抱える諸課題について過去の負因より現時点での行動を焦点にすることとつながっている。また自発性と役割の関連ははなはだ緊密である。すべての自発性は役割行為を通してのみ表されるからであるし、役割行為は多少とも自発性が伴う。

自発性には量的な差がみられる。単なる役割取得では最も小さく、自発的なロールプレイではより大きく、役割創造では最も大きい。また自発性は文化として保存されたもの（以下では、文化的保存と略記）のリフレッシュ、突発的事態への対応、新しい環境づくり、パーソナリティを発展させるような場合に発揮される。自発性はサイコドラマ場面と現実の社会生活場面に共通する概念である。したがって、社会生活もまた自発的な行為を通して創造的なものを生み出せる。

ロールプレイによって表現された行為は、半ばは自己の固有の面、半ばは社会的な面をもち、同時にソシオメトリックな関係もつくる。こうして、自己を主張しつつ他者との交流も可能になる。モレノは次のように述べている。「ある人物におけるある役割は、他の人物におけるある役割にテレ関連をもっているだろう[24]」と。ここでテレとは、ある人を他の人にひきつける感情の流れであり、それは個人に発しながらもインターパーソナルなものである。[23]*

＊ テレはギリシャ語で「離れている」を意味する。本来は個別のものが結びつくのである。これは伝統的な日本の家族の癒着的／共棲的関係には当てはめにくい。現代日本が大きく様がわりしたとしてもである。

自発性は本来、一瞬、火花が出るように現れる。それはウォーミングアップの積み重ねによってはじめて発現する。自発性はさらに創造性を生み出す。しかし、創造したものもやがては文化的保存になってしまう。そうなると、もはや創造性は喪失して形式化し、規制的になったりする。この保存化された文化を瞬間的に爆発してリフレッシュするのがまた自発性である。こうして、ウォーミングアップ―自発性―創造性という螺旋《らせん》的に上昇するような発展を認める。モレノは創造性を重視している。彼がいろいろと新造語を提示したのは彼自身の創造性の一つを現すものかも知れない。*

* 例えば、ソシアトリー Sociatry なる造語がある。社会科学と医学という両体系の内部に位置し、ノーマルな社会の相互人間的・相互集団的な病状を扱うという。モレノは、社会全体が明らかな法則で発展すること、また、治療の対象はまさに人類であるという前提で当造語を持ち出していると述べている。

一般的に言えば、自発性は人が自らすすんで言ったり行ったりすることである。だが、注意したいのは、モレノにとっては、それが人間の特性であると共に神から由来するものである。神が万物を創造したときにはたらいたエネルギーが自発性の根源であり、それが神に模して創られた人間にシェアーされている。したがって、自発的行為は当人の意識に触れる主体性に関わるだけではなく、本来、自然に発するものである。しかし、それは神に関わっているので、神というものの受け取り方によっては、「つとめとして果たすべきこと」（以下、当為と記す）という性格を帯びる。

このことはソシオメトリーにも関わっている。ソシオメトリーは、テレと共に選択と拒否を含む人間関係・役割関係を前提にするから、当然自発性を伴い、したがって、そこにはそれぞれの人の主体性と神の意思が表れることになる。*

＊　参加者の側では、どこまでも主体的な自発性に基づいての行為が前提である。公的な研修などのために強制的にサイコドラマに参加させられた人が、ときに冒頭から感じる「芝居じみた馬鹿らしさ」や「子どもの劇のようなくだらなさ」は、自発的参加者では見られない。

2　行為について

モレノは、行動という一般的用語を避けて、もっぱら行為という。行為は、心理学の対象として把握され客観視される「行動」とは異なる。それは社会的・文化的に価値づけられ、意味づけられた行動である。サイコドラマでは監督がメンバーと共にその場に入り、行為を参加観察することでその意味を把握する。サイコドラマでは監督は、場面に入ったときから退出するときまでの各参加者の行為を参加観察し、自発性の状態を評価しつづける。全体としての観客の自発性も同時に把握されるだろう[44]。

社会生活にとって行為はすぐれて重要である。行為によって新たな環境に対面し、またそれを開拓する。そして新しい行為が生まれる。行為することと気づくということは同時に起こっている。サイコドラマはこうした気づきが生まれやすいようにセッティングされた場面なのである[43]。

実際のサイコドラマで、なんらかの役割をとって参加するなら、仮想であっても、そこに展開する場面が、導入段階で監督が指示する役割付与や質疑応答の場面といかに違うか、どれだけ生き生きした活動が示されるかが明らかになる。

身体の動きとそれによる他者やモノとのやりとりは、しばしば言語以上の基本的なコミュニケーションを成り立たせる。モレノは言う。「神経症や精神病の発生で大きな役割を演じるのは精神の無言の部分である。……サイコドラマを始めるに当たって重要なことは、可能な限り、患者と身体を触れ合う、すなわち触覚的および運動的伝達がなされること……である[27]」と。目配りや身体のぶつけあい（喧嘩を含む）でコミュニケートしている非行少年について、対話法ではなくてサイコドラマで行為を変えようとの発想から、この療法を試みるようにもなる。

モレノは生理、心理、社会、文化の各領域を総合する理論の樹立を構想している。例えば、乳児の摂食行動では意志と同時的に身体が活動し、周囲のモノが関係する。吸い込む行動と咽喉や唇と牛乳瓶-牛乳が分かれていない。そして、それには牛乳瓶を与える母親も関与しており、乳児の摂食行動は一つの社会的な役割行動でもある。このような関係では、呑み込む直前の筋緊張もまた役割行動の一環に含め、一種のウォーミングアップとしてはたらくようになるという。

舞台上では、モレノは患者が「〜が欲しい」といえば、その欲求が歪んでいても妄想でも、それを支えて強化、あるいはその欲求を満足させるように補助する人（補助自我）が登場して、欲求に応じた行為を支える。

補助自我はロボットではなくて現実の人である。つまり、モレノの立場では非現実とか妄想というものはない。治療者は患者よりもいっそう良い実体で、触れ合いの中で患者の乏しい／誤った実体を修正・改善できるということだ。たとえ妄想に発しても心理劇場面での諸操作、それに伴われる行為の諸展開はすべて現実でのこと——余剰現実——であり、だからこそ、その成果がそのまま現実社会に及ぶのである。

サイコドラマでは単なる個人は存在せず、常に役割関係あるいは集団の中の個である。個人の欲求は集団の欲求と相応じ、したがって、個々の人の行為を観る際には、同時に全体としての集団の動きを把握することが不可欠である。監督は集団全体の心理とそれを支える個々のメンバーの欲求の双方に気配りする必要がある。それは文字の上では困難であるが、実際には補助自我にも支えられて可能である。

監督は集団に共感し、個々のメンバーが集団にどう関与しつつあるかを感じとる。監督はメンバーと共に集団活動に参加する——いわば集団の中から集団を体験する。だが、次には心の眼を外に出して集団を外部からとらえる。監督は当の集団が今・ここで何を求め、何を行っており、どのような方角に向かっているのかを把握するように努める。むろん監督自身も今の集団への期待や欲求をもつから、監督のみでこうした把握を果たすことができない場合もある。その場合、メンバー（個人・集団）の欲求を捉えて監督に伝え、監督とメンバーの橋渡しをするのが補助自我なのである。

3 国際的な影響関係

モレノは晩年にはサイコドラマを世界に広めようとの意欲をもって各地をめぐっていた。彼の国際的関わりの一つは海外の文化への影響であり、他の一つは海外の文化からの彼への影響である。まず前者について触れる。

サイコドラマは現在、日本をはじめとしてオーストラリアやヨーロッパ諸国でも広く活用されている。サイコドラマの呼称はなくても、ドイツの病院のリハビリテーションでこの種の方法を使っているのを認めたこともある。だが、さまざまな国や文化によってサイコドラマの方法にバリエーションが生じることをモレノも認めている。そして、実践面のみならず理論面にも固有な特徴が加えられている。これらの中で主要なものをごく少数紹介する。

１９５０年前後に日本にサイコドラマを導入した心理学者の松村と外林はゲシタルト心理学の素養をもっていたため、個と全体の関係や相互作用過程や「場」の力の視点でこの方法をとらえ直した。サイコドラマ場面で得られるものが、演技行為以上に場の関係によって生じるという考え方である。

松村は、ドラマにおける「今・ここで」の関係で自分がどう振る舞うか、そこで関係がどう変化するか、このような関わりの中での体験、すなわち「関係体験」を通してその結びつき方を変えてゆくことができるようになると述べる。[22] また、外林は知的障害児へのサイコドラマの場合をあげて、精神分析的な知的洞察をこれらの児童に求めるのは困難だが、サイコドラマが彼らの行動を変えるのは、自他の役割を取り換えて理解を促すことよりもむしろ、その「場」の全体がもたらすものであると説いている。[34]

精神分析をサイコドラマを通して行おうとするのがフランスのアンジュー[2] Andieu, D. である。それは主として観客を置かない家庭問題中心のファミリー・サイコドラマであった。フランスにはフロイトの研究者が多いので精神分析派が優越するが、バスカン[4] Basquin, M. らをはじめ幾つかの分派があり、シュッツェンベルガー[31] Schützenberger, A. A. のように、諸方法を折衷しながらもほぼモレノ流を受け継ぐ人もある。

もっとも、折衷派はアメリカ大陸内においてもはなはだ数が多い。来日して研修を行い、カナダでその治療実践を展開していたノブロフ[18] Knobloch, F. の統合精神療法はその一つである。また、サイコドラマに家族療法的システム論を導入して治療を進めている人たちもある。

イギリスでは、既述のように、第二次大戦後にM・ジョーンズが病院を社会生活の場として機能させる治療共同体をつくった[15]。彼はその中で、モレノとは別に、独自のサイコドラマを実施している。しかし、イギリスも精神分析の影響は大きく、近年においてもホームズ Holmes, P. らは夢分析にサイコドラマを用い、対象関係論をその理解に持ち込んでいる[13]。一般的に転移関係という語が通用するとすれば、ドラマの中でもこの関係が生じることはありえよう。分析的サイコドラマは精神分析とサイコドラマをつなぐ位置にあるといえよう。しかし、精神分析とサイコドラマの間柄については、後述するような多くの問題がある。

ロハス-ベルムデス Rojas-Bermúdez はアルゼンチンのサイコドラマティストである。彼は重い対人関係障害をもつ慢性精神障害者に対し、パペット（手づかい人形）をコミュニケーションの媒介物（intermediary object）としてアプローチした。[28] こうした患者は自我が脆弱で、他人が近づくだけでひどく傷つけられることが多い。そこで、パペットが自我の補足あるいは延長になると述べる。ベルムデスのサイコドラマへの関わりをみると、この方法がモレノ理論を離れて別の枠組みの下に再構成しうることを示唆する。自我を中核にした人格の体制を仮定すると、自我の変化によって生活が全般的に変わるというような、役割論とは別の考え方に向かう可能性も生じる。ともあれ、この手法は統合失調症患者に対して、時としてすぐれた効果を現すことを筆者も臨床現場で経験している。[41]

他方、モレノのサイコドラマが他国の文化から受けた影響については、演劇との関わりをあげねばならない。彼の演劇志向はロシアのドラマツルギーを受け止めている。* 演技行為と演者の体験の関係を強調したのが、ロシアの演劇家スタニスラフスキー Stanislavski（1863–1938）である。この人は1897年にモスクワ芸術座を創設し、古い演劇を革新し、演劇システムをうち立てたロシアン・リアリズムの代表的演劇家である。

＊ サイコドラマの学習者の一部は精神科医や臨床心理士であり、一部は集団活動に関心をもつ現場の実務家であるが、いずれの群の中にも演劇愛好者や演劇経験者を認める。

モレノはスタニスラフスキーの演劇論を相当に参考にしている。彼自身は「自発性の演劇は、いわゆるスタニスラフスキー・メソッドとは関係がない。……スタニスラフスキーが保存化されたドラマの自覚的信奉者であったように、私たちは自発的ドラマの自覚した役者となった」[24] と言う。だが、アメリカに渡ったモレノは1931年に、ニューヨークのカーネギー・ホールで即興劇を始めたけれども、当時は「スタニスラフスキーが行ったことと同じことをしていた[21]」とマリノーは伝えている。

スタニスラフスキーは舞台でいかにも芝居じみた演技をするのを拒否した。例えば、部屋に入るような場景でも、実生活で行動する気持ちで演じることを求めた。日常場面での「〝それ〟をあそこで、舞台上で見出しなさい」という。また、人間的・内面的な要素を身体行動へ直接に参加させるように指導した。生活経験に基づく身体行動を求めたのである。彼は「精神的素材は不安定なものだ……これは丈夫なレールにはなりえない。……そのために最も必要なのは身体的課題である。……一定の確固たる課題によってつながれることが、鉄道の旅客にとってのように、われわれにとっても必要である。旅客が線路に乗っていろいろ異なる土地を通って前進するのと全く同様に、俳優もまた身体行動によって戯曲全体を通り、そこに描かれた状況を通り……前進する[35]」と述べる。

また、次のように言う。「俳優が舞台において、自分の行っている事柄の中に信頼と真実の感情を呼び起こす最善の方法は、最も単純な身体行動に集中することである。肝心なのは、身体的行動そのものではなく、それによって俳優が自分の中に呼び起こすのを助けられる真実と信頼の感情なのだ[20]」と。

集団心理療法に演劇的形式を導入したのはモレノの独自性である。サイコドラマが従来の演劇と異なって創造的なものであると彼は強調する。だが、モレノ自身が触れる以上にスタニスラフスキーとの深い関連を認める。スタニスラフスキーの言葉はモレノの身体行為への重視を裏づけているようにみえる。

第4節　人間観

1　神がかりの科学

(1) 神の創造の意思

神との同一視

モレノが人間観としてまとまった考えを表したものは見出しにくい。敢えて求めるとしても、世界観、宇宙観とでも言う方が当たっており、彼にとって人間観はその中に埋め込まれている。

自伝的な叙述を含む『誰が生き残るか』(*Who shall survive?*)[23] からは、モレノの描く理念にいくらか近づくことができる。その冒頭には、神はまずもって創造者であり、役者であり、ドラマティストであると記されている。神は世界を分析する前に、まず世界を自発的に創造したのである。また、神は創造した世界のいろいろなものに自発性を与えた。

モレノはその生涯にわたって、自分は創造者であり、すべての自分の仕事は創作であるとたびたび主張している。自分を創造者であるとすることは、父である神、神の子であるキリスト、そして自分というつながりから、神と自分を同一視している向きを示す。それは彼が4歳時の地下室での神様ごっこの逸話以来のことであって生涯続いていた。

また、モレノは自分の師はソクラテスとキリストだと記している。ソクラテスは教師であり、イエスは治療者である。ソクラテスは町の中で人々と語り合い、そのやり方は知を引き出す産婆術にたとえられる。出産には自ずからなる力があるが、モレノの補助自我はまさに産婆の行う支援であり、出産の力は自発性である。「イエスは即興劇的な聖者であり、ソクラテスはほとんどサイコドラマ的なやり方の先駆者である。その対話は実際的なセッションのリポートのように提示されていて、詩的‐哲学的な心象から出たものではない」とモレノは述べる。

だが、「ソクラテスの対話の枠組みは弁証法的論理に限定されており、イエスのように全体的な場面とその本質に入り込んでいない」ので、自分はソクラテスとは食い違うという。他方、「イエスの弟子たちの間柄をみると、サイコドラマの技法が二千年前にパレスチナで生まれていたかも知れないのだ」とも述べる。キリスト教は最高の心理‐治療的方法だとする文言はモレノの著書に重ねて現れる。モレノはイエスの生涯に自分を重ね合わせているところもある。

モレノの話はわかりにくいところがあるが、神の自発性に基づく世界・人間の創造は一つのドラマ的なもので、神の子のキリストはそれを倫理として現したサイコドラマティストなのだということなのだろう。ソクラテスもサイコドラマ風な活動をしたが、言葉のやりとりに頼る点で自分とはずれるとしているのである。

要するに、モレノの人間観といえば「人間とは何か」というような文言ではなく、自己と被造物としての人間あるいは神との同一視をもって満了しているようにみえる。

モレノの神はモレノの活動と業績のあらゆる部分に浸透している。神とモレノの関係は密である。被造物であるモレノ、そして彼はまた被造物である人間でもある。人間の活動は神の企図の中の一環として位置づけられているが、しかも神から神に準じる創造性を与えられている。ゆえに、その生き方はどこまでも前向きであり、創造するものでなければならない。たとえ進歩がかえって人間を損なうことがあっても、それを人間は乗り超えてさらに前進するだろう。

特徴的な人間観

モレノの人間観を敢えて求めるなら、それはすぐれて特異である。彼の人間観は「実態のイメージ」ではなくて、ほとんど「当為の要求」だからである。ただし、これは宗教や道徳の世界では多分ありふれたものであり、それが科学的心理療法の世界に持ち込まれていることがすぐれて特異なのである。

人間観にからむ重要な概念として、再びモレノの自発性をとりあげよう。彼の場合、自発性は単に人間の自由な主体的な意志から出るのではない。自発性をもって事をなすのは神の意志だから、自発的にやらねばならないのである。神の述べることはまた、モレノの述べることでもある。したがって、モレノの提示する諸知識を理解するには、原則的に学習者側からの自発的学習が要る。学習内容をモレノが噛み砕いて、消化しやすいようにして提供することはありえない。あるいは、学習者側の完全な自由意思で学習が動機づけられるわけでもない。

人間であるモレノが神の意志を取り入れたように、学習者もまた人間ならば、神の意志、つまりモレノの意志を自発的に学んで取り入れねばならない。モレノ側がそれを支えるやり方は、組織化された体系的な「自発性トレーニング」である。すなわち、「勇気が欠けていれば、自分が勇敢であることを学習するまで演じる」ようにさせるのだが、監督は「行動を注意深く研究しながら、生徒に必要とされる特徴を生みだすような役割を選ぶ」[24]。つまり生徒側が自ら選ぶのがすべてではない。

心に障害をもつ患者や社会不適応な者も神の意志にしたがうことができるように、指導によって治されるべき人間である。したがって、モレノの理論に基づけば、治療実践の学習者と患者は本質的に見て同じなのである。社会人は比較的に自発性が大きい人間に過ぎない。サイコドラマの場に一般社会人も患者も同様に参加する基本原理はここに見出せる。

モレノは絶えず創造へ向かって動いている。したがって、このモデルであるモレノは「人柄」、「言動」、「生きざま」に未知のもの、不可解なもの、神秘なものをはらむ。そうした不可解なものから、新たな創造が生まれるのである。こうしてモレノについては、彼の「人間観」に代わるものとして、モレノの「人柄」と「言動」と「生きざま」を見ることになる。

モレノに従えば、彼は個人でありながら、しかも被造物としての人間である。つまり、われわれがモレノを見るとき、単なる彼個人を観察するにとどまらず、併せて人間を観るのである。それは同時にモレノその人の実際の振舞いが「人間とはこういうものである」という彼の観念を表している。

(2) 神秘主義とソシオメトリー

モレノの神への関わりには、彼が神秘主義的神学者のスウェーデンボルグ Swedenborg, E.（1688-1772）を学んだことも与っているといわれる。スウェーデンボルグは霊界と交流するけれども、またミクロの世界とマクロの世界の相似性について論じたりもする奇異な思想家である。この人の著書の多くは匿名だが、モレノの初期の著作も匿名なのを想起させる。*

* 匿名なのはその著作が全にして父なる神からの由来を示すものであろうか。これに関してモレノの伝記作者マリノーは、モレノと彼の不明の実父との同一視をあげる。だがモレノ自身は、社会化と自己統合を伴うサイコドラマのようなグループでは誰もが匿名化すると述べている。この他にも精神分析的な種々の解釈が可能である。

スウェーデンボルグは壮年期まで、天文学をはじめとして諸々の科学に通暁し、優れた多面的な学者として、また鉱山局職員として生活してきた。その後、神秘的体験（キリストによる召命）を得てから天界と地上の間を往復し、霊や精霊と絶えず語り合うという幻想的体験をもつようになる。しかし彼の幻想はおどろおどろしいものではなく、科学者の眼で洗われたものとされている。(38)

スウェーデンボルグの宗教観念とモレノのそれを比べた場合、まず共通する神と人との深いつながりが注意される。スウェーデンボルグでは神は神人でもあり、だからこそ人がつくれたという。だが、モレノにおける人は神のように創造的だが霊界に入り込みはしない。また、神秘な美や感応的疎通や儀式や数概念はあるが身体や労働や生活を欠くスウェーデンボルグに対し、モレノでは、サイコドラマの中でも生きて働く人間的なものが問われている。

注目されるのは科学者時代のスウェーデンボルグの宇宙論である。彼は〔極小のレベル『原初の自然点』からスタートして、事物の形態と過程の階層構造を描き出しつつ、順次に広大な宇宙の生成と構造を究明していった。ミクロからマクロへ向かう各階層は、先行する階層の拡大化したもの、また、これに相似したものである〕。

それはギリシャ哲学以来、16世紀の敬虔《けいけん》派神秘主義を経た宇宙論の継承だが、後発の「生の哲学」や現代科学を先取りしている。「生の哲学」派のシェーラー Sherer, M.（1874–1928）は、いっそう明確にミクロ・コスモスとマクロ・コスモスの関連を説いている。[30] その後、人間–宇宙論は漸次にコスモス（調和）の観念よりもスペース（物理的空間）の概念が優位に立って現在に及ぶ。

他方、ミクロ–マクロの関係という考え方を焦点化したのが、モレノのソシオメトリーである。ソシオメトリーでとらえたテレ・ネットワークも対人的地平で双方ないし複数間の相互作用を表す一方、超高／神の高みからは社会としてとらえられている。[23] しかも、ソシオメトリーの計測では、個々の人の関係のみでなく過去の生活史上の人や既に亡くなった人との関係まで含まれている。それは平面の中に単に現状の関係だけでなく、現象してはいるが既に消滅している星も描かれた星図のように、歴史的・時間的経過が現在に投影されたものを表している[43]。

既述のように、ソシオメトリーの起源も神の創造する宇宙計測、つまり『神的測定（theometry）』の科学であった。ソシオメトリーの世界で対人関係を選択／拒否する個々の人はどれもアトムである。個々の人は社会の中のアトムとしてソーシャル・アトムとよばれる。ソシオメトリーは社会と世界を背後に担い、またそれらと相似でもある。ミクロの世界がマクロの世界を映し出している。

だが実際上は、ソシオメトリーは集団内の人間関係を測定する方法である。メンバー間の選択・拒否の状態から、集団としてのまとまり（凝集性）、孤立、下位集団の有無と特性、そしてメンバーの人気度、集団内の個人の地位などが測定される。

ソシオメトリーの結果をメンバー間の関係として図示したものがソシオグラムである。それぞれのメンバーが一般的な選択の頻度に比べてどれだけの割合で選ばれたか、相互選択がどの程度あったかなど、さまざまな課題は、確率的計算に基づいて数量化して表される[23][39]。個人の自我と称するものはその個人に関わる諸役割が切り結ぶ点である。

モレノにあってはソシオメトリーとサイコドラマは密接な関係をもっている。サイコドラマの家族、職場、学校、遊びなどの場面の諸問題は、役割関係とテレ・リレーションの問題であり、それらはソシオメトリーの理論によって基礎づけられている。テレは人と人の「出会い」の意味を含む。また、テレパシーのテレであって超感覚的な面ももつ。集団療法において、あるメンバーの言葉が主題と一見無関係に飛躍した他のメンバーの気づきを突然に引き出し、集団全体を発展させることがあるが、これはある種のテレ・リレーションによると言えよう。

以上を要するに、モレノもスウェーデンボルグと似た層構造的理念を抱いている。しかし、ソシオメトリーはモレノ以後、独立した社会学的調査法の一つとして用いられ、研究されている。神の関与なしに調査し、論考すべき方法になることで自ずからモレノの考えからも離れてきている。この点はサイコドラマにも関わることである。

2　ユダヤ人としてのモレノ

モレノにおけるユダヤ人意識は、フロイトと同様に、しかし違った意味で彼という人間にとって重要である。

モレノについては、その著作や活動からユダヤ人意識をとらえるのは難しい。宗教面に関する記述でも、キリストは出てくるがユダヤ教のエホバの神やモーセは見られない。ユダヤ人としての彼を活き活きと描いたものとしては、マリノーによる伝記[21]を挙げることができる。

マリノーによると、既に触れたようにモレノは1889年にルーマニアの首都ブカレストで生まれた。父親は行商人、母親は穀物商の娘で、スペイン系ユダヤ人共同社会で生活していた。フロイトの父も各地に出向いて織物を売っていたというが、モレノの父はより貧しくてモレノの誕生のときも不在であり、モレノの出生届に父の名前がなかった。ところがモレノは、1892年に黒海を航行中のどこかの国の船の中で誕生したという自伝を書いている。これはモレノのつくり話である。自分を秘密のベールで覆って神秘性を出すやり方ともみれるとマリノーは言う。

だが別の見方もできる。その根拠は伝記が示すモレノの幼少期の生活にある。モレノは１８９２年頃の幼少期にユダヤ教の教会シナゴーグで、そこのラビの教育を受けて大いに影響された。つまり共同体が父代わりにその役割を果たしていた。ラビの教育内容の中核は、１４９２年にスペインに居住していた多数のユダヤ人が王の命令でこの国から追放され、船に乗せられてあてどもなくヨーロッパ各地へ漂流していったという話である。その一部はトルコへ着いたが、モレノの先祖もトルコからルーマニアに移動してきたグループの一部である。彼はこの伝説を繰り返し教え込まれた。

モレノが自分の出自を隠して船の中で生まれたとするのはユダヤ共同体ゲットーの性格を際立たせる。一般に漁師や船員など、海で船に乗って生活する人たちは「板子一枚、下は地獄」という諺を身につけている。つまり、一歩誤れば命を失う危ない生活を固い団結で生き抜く。そうした強い共通意識をもたないではいられない状況に常時あるのだ。この共通意識はすぐれてゲットーの生活意識に通じている。その度合いは、フロイトのごとくそこから半ばの脱出を目指す人よりいっそう強いものだったろう。エディプス・コンプレックスを育むほどの関係さえ、現実の父親との間でもちえなかったモレノは、この固い共同体をこそ、心の生涯の拠り所として保持していたのであろう。

モレノが人間について、個々人の無意識や抑圧やコンプレックスよりも社会的アトム・文化的アトムとしてとらえ、暗黙のテレでつながるコミュニティを基盤にしたことはユダヤ人の共同体意識に深く根ざすであろう。個人よりもまず社会が彼にはより深く刻印されたと解釈できる。そして、かように追放され漂流させられる民は神に選ばれた者である。こうも虐げられるのは、彼らが神によって選ばれ、あえて試されるものだからである。その共同体すなわちユダヤ人社会がいかなる結束状態にあるかを視るのも神の意志である。つまり、ソシオメトリーが神の意志で創られたとするのは、モレノにとってきわめて自然のことだったと言えよう。

彼は個人に焦点を置いたサイコドラマと並んで、地域や人種や社会問題をとりあげるソシオドラマ Sociodrama なるものを提唱している。この語は一方で他者との連関、他方は活動を意味する socius と drama という二つの語源をもつ。つまり、ソシオドラマは社会のための活動なのである。[24] 異なる文化基準の間で生じる葛藤などは、この方法で片づくとモレノは述べている。

3　自発性に挑む

(1)　わかるための〝間〟

モレノは異能の人といわれるけれども、むしろ不可解な人物である。不可解ということには、「とっつきにくい」／「関わりにくい」面と「何か期待を抱かせる」面がある。以下には、まず「とっつきにくい」面をとりあげ、次いで未来への期待について考える。ただし、彼の考え方には彼自身でないと答えられないようなわかりにくい文言が多く、第三者としては新たな問題を提起できるだけだろう。

本書の冒頭には、創始者の人間観を知るには臨床現場の実践家も彼らの学んだ原典をひもとく必要性を記した。しかし後学者にとって必要な原典はとくに創始者自身の著作である。間接的な紹介書や読解書を見るのみではとらえられない、創始者の考え方の活きた側面に接することができるからである。だが、モレノについてはそれを単純に適用するのをためらう。

モレノの実践活動は明快で実用的であるが、言うことはしばしばわかりにくい。また、書かれた文章が普通の読み方では理解しにくい。どうしてこのような長く、読みにくい文章を書くのかと思う。彼の造語癖あるいは詩人気どりがそうさせるのだろうか。あえて隠喩で満たす現代詩のように、わかる人だけがわかればよしとして、学習者が自発的に意味をつかむように挑んでいる風である。

その発言や叙述のわかりにくさの一例をとりあげよう。例えば「サイコドラマの意味」についての彼の解説を記す。「空想の世界で人生を展開するというこの常軌を逸した情熱によって、苦痛が蘇ってくることはない。むしろ、真の二度目はすべて、第一のときからの解放となるという規則が確証される」[24]。この一文は、サイコドラマが過去の苦悩を再生する以上のことを果たすとの意を含むのだろう。モレノの著書のすべてがこうした文章で埋められているわけではないが、難解な表現である。

モレノは患者に自発性を求めるだけではなく、既に触れたように学習者にも自分で努力して理解せよと自発性を要求している。人は自ずと自発的に学ぶようになるとはみず、自発的に学習すべしと指示しているようにみえる。

こうした文言に遭遇した場合に学習者はどう応じるべきか。まず字面にこだわらずに前後の文脈を読み通して全体から理解に努める。理解困難な場合は、さらに少し〝間《ま》〟をおいて彼の表したい意味をまとめてみる。それでもはっきりしない場合は、ベテランのサイコドラマティストに尋ねるか、一緒に考えることが望ましい。

さらに、モレノの発言の食い違い、あるいは矛盾について触れよう。彼は「精神のもの言わぬ部分」をとりあげ、サイコドラマにおける非言語的表出やコミュニケーション、とくに身体活動や身体的接触を強調する。既述のように、「……言葉で手の届かず動かせない非協調的患者に当たっては、……彼らと取っ組み合い、愛撫し、体操し、……身体の一部を演じたりする」[26]のを勧めている。ところが他方では、そのことを原則として認めながらも、「(これは)……常に必要ではない。ある場合には親密性や暖かな接触、とくに身体的接触は禁忌である。……触れられ、抱かれ、キスされることを嫌がる統合失調症の患者がいる」[24]と記している。こうした食い違いをどう受け取ったらよいか。まずは叙述の理解に努めるべきだが、理解困難であれば、やはり言葉そのものを離れて間をとるのがよい。その上で、軸をなすであろうものをイメージする。

モレノの上述の場合の軸は何だろうか。「言葉で手の届かない」とは、言葉をかけてもコミュニケーションがとれない患者である。コミュニケーションの基盤は人間同士の心理的な親和性である。

このような患者は言葉では親和せずに身体的な接触でようやく親和するが、これは心理・身体的に関わる距離の取り方である。ところがこの種の患者には身体接触を拒否する者もある。つまり、全体として、群としてみて彼らとのコミュニケーションの原則を身体的接触におくと、それを可とする者からそれが不可な者までいて、その間の心理・身体的距離のバリエーションは限りなくある。したがって、目の前の個々のケースに応じて、この距離をどれだけ、どうとるかを判断しなければならない。

なすべきことは、治療者が自分が現場で直接に関わっている患者を見直し、よりよく観察しながらモレノの叙述の軸の意味を実態に応じてとらえることであろう。

ある種の患者には、自分の周囲の広い範囲に目に見えない境界を設けて他人の立ち入りを拒否する傾向が強い（自我を保護するパーソナル・スペースが広い）。このような患者は、たまたまスタッフが（当人のパーソナル・スペースに侵入して）そばに一歩寄ったりすると、なお物理的な隔たりはかなりあるのに身体ごと一歩下がったりする。

サイコドラマへと患者たちを集め、軽体操でウォームアップを行うとする。その際、各自に順に好きな体操をやってもらい、一同がその真似をして身体を動かすように言う。上記のような他人を寄せつけない過敏な患者の中には、自分の番がくると他人にはとても真似しにくいような奇妙な格好をする人もある。この患者は自由参加のサイコドラマに必ず出席し、そして毎度こうした格好をやる。監督が再三「皆がやりやすい体操を」と促してもである。

この患者の行為は、彼が他人との交流は好まないこと、しかも他人や周囲からその存在を認められたいこと、さらに幾ばくかの優越性――「目立ちたい」／「やれるものなら、やってみろ」――さえ意味しているだろう。したがって、治療活動では彼個人に直かに身体的に関わる――肩に触れたり握手をする――のは不適当である。集団全体の動きでやんわり包むこと――みなと共にする自由歩行など――から漸次にロールプレイ的な「身振り体操」などへ移行するような流れをつくり、その流れの中で適した役割を伴わせてごくわずかずつ自発性を伸ばす試みが役立つだろう。[42] モレノの提示した叙述の軸は、この場合、単なる「つかず、離れず」以上の柔軟な対応という意味になるだろう。

(2) つながりのない筋書き――ある疑問点

モレノの神の話やフロイトをはじめとする競合者への敵意の露出と、サイコドラマの臨床事例の実践記録から受け取るイメージは著しいズレを感じさせる。前者の自己本位で激情的なもの言いに対する、後者における生き生きとした情景の展開、鮮やかな技法、筋立った進め方は真に対照的な印象を与える。モレノではこの双方が分かちがたく結びついており、それがモレノなる人間の大きさなのだが、その違いに気づかないではいられない。

似たようなことは、モレノの理論とその実践の間にも認めることができる。第三者にはこれら双方の間に整合性が乏しいと受け取れる。しかし、注意すべきは、モレノの「理論から技法を経て実践」への道程が、心理治療学の方法論一般の発展に対しても寄与する可能性をもつことである。以下はこの課題についての試論である。

教育や臨床の場でサイコドラマはたしかに有用である。だが、重要なのは、それがサイコドラマのいかなる構造・機能からもたらされるかを一層明らかにすることである。サイコドラマには宗教的面も芸術的面もある。だが、ここでの関心は、サイコドラマが科学的技法としてどれだけ意味をもつかにある。

この点の検討への切り口の一つは、サイコドラマにおける監督の技法と演者（患者や実習生）の体験の間のズレについてである。監督がしばしば演者の演技中に「ストップ」をかけて役割交換を指示したり場面転換をしたりする状況を省みよう。これは演者の間のやりとりが発展性なくつづいて、課題解決がむずかしいと監督が観て場面転換を必要とするとか、あるいは自発的活動が最高度に達した際、その緊張をいくらか残した方が次の場面展開につながると観た場合などに行われる。

実演中の「ストップ」は監督の直接的指示による場面操作であるが、反復されると、演者にときとして強いられたような不快感や抵抗感を与える。この指示に患者が従うことで（もし演者が不満なら「自発的」に反対することを許容してはいるが）場面再構成のための指示が果たされることを監督は期待する。ところがそれを引き継ぐシェアリングでは、場はまた一変して集団心理療法にもみえる演者主体の自由なやりとりになる。サイコドラマ導入段階での、監督の言葉による役割付与から実演への移行でも動きは活発になる。だがシェアリングでの発言はさらにすぐれて自発的である。

既述の事例から明らかなように、サイコドラマの場の演者（とくに主役）の心理・行動の発展のすべては、諸他の演者、諸スタッフがとる役割関係の在りように拠るとされている。だがこの関連に自発性はどうからむのだろうか。

顧ると、指示された役割行為から自由な表出への移行についての考察は、因果関係に基づく科学的操作がいかにして主体的表出——意味・価値——を生むのかという広い問題に通じているが、まずは型どおりのシェアリングのやり方を記す。

まず主役が自分の動きや体験について述べる。ついで他の演者、観客さらに監督、補助自我までを含む参加者一同が、主役の動きをどう受け取ったかを表明する。その後に参加者自身それぞれの体験の自由で活発な表出がある。互いに体験を語り合う情景は、監督の指示を受ける実演場面との間にきわだった違いを示す。そして違いを自ずと越えている参加者の在りようにも注目させられる。自由な表出は単に監督の指示への不満のカタルシスだけではないだろう。

この種のズレの存在とそれが越えられるのは、患者に特定の契約をさせる古典的精神分析をはじめとして、他の型の心理療法でも認められる。ただし多くの場合にこの過程は背景に隠され、患者の体験のジグザグも注意されずに治療が進められてきた。

精神分析では現存在分析学者が指摘していることがいくらかこれに触れているが、一般的には治療者自身はたいして気にとめなかったと言えよう。しかしサイコドラマは監督と演者、演者相互の言語・非言語的なやりとりによって、すぐれてこのズレを露出して、実践家にも理論家にも注意を迫るのである。

必要なのは、役割と自発性の関係を、それらの同時過程的な変化・移行も含めて／変化・移行に沿って、より詳しく検討することである。

モレノの立場では胎児の誕生も睡眠も役割取得であり自発性の現れである。また抵抗も積極的活動も同じく自発的行動である。しかしこの錯綜したありさまをみると、役割と自発性の結びつきを当然のこととして受けとるのは難しい。

モレノではその辺りの議論は打ち切られている。「自発性を自発性たらしめるものは神以外のなにものでもない」からである。彼は「自発性を生みだすのは自発性であって、自発性についての反省的思考ではない」[24]と言う。だがこれでは上記の問題の合理的な説明にはならない。

サイコドラマは他の心理療法と異なり、コミュニケーションの媒体として言葉以外に一層客観視できる集団、身体行動、物そして社会的・文化的役割を明示している。これらを手がかりにこの場に対する別の視点が期待されるだろう。そうすることによってサイコドラマから得る示唆が、さらに広く諸種の科学的な心理的治療法の発展に寄与することになるだろう。

第5節　他の理論との関係

1　哲学との関わり

モレノの思想は独創的であって、その固有性を尊重しながら理解に努めなければならない。だが、その素地は歴史・社会的なものであり、この面からの接近も理解のための一つのやり方だろう。モレノの誕生以前の19世紀半ばのヨーロッパの思想界を覆ったのはダーウィンの進化論だった。このことは既にフロイトの章でも触れた通りである。進化論に対する宗教界や思想界の反応は、激しい反対から宥和《ゆうわ》的なものまでにわたり、時の経過と共に揺れ動いた。

後者の一つに、進化もまた造物主の意思を現すものとする立場がある。自然科学が認めるような法則も神から目的づけられたものだとしたり、神の意思の内在をみたりする。こうした説は自然科学の進歩と宗教の調和のための努力の成果にみえるが、発想の淵源は古くからの汎神《はんしん》論や理神論や17世紀～18世紀におけるその展開に求められる。モレノの神との関わりにはこうした背景を押さえておく必要がある。

他方、19世紀から20世紀にかけて一つの思潮となったのは「生の哲学」だった。これは合理主義的に「生」をとらえるのではなく、「生そのものにおいて生を問う」とでもいう立場であった。『創造的進化』の著で知られるフランスの哲学者ベルグソンBergson, H.（1859–1941）もこのような学者の一人に含まれることがある。ここでモレノとベルグソンの関係をみると、モレノの思想的背景のもう一つの側面をうかがうことができる。

モレノは『誰が生き残るか』の序文の冒頭で『創造的進化（*L'Evolution Creatrice*）』[5]を批判している。「私は……題目を見て腹を立てて創造的（creatrice）という語句に×をつけた。彼はまず進化という考えをもつが、私は代わりに『神の進歩（Evolution of the Creator）』と書く。これは神の考えたまうことである」と述べている。

ところが、序文の末尾では「（私の）理念の実現のための私の個人的闘いは、ソシオメトリー運動のエラン・ヴィタール（生の躍動）へと読者をウォームアップさせるのに役立つ」とある。エラン・ヴィタールはベルグソン哲学の主概念である。また、これ以外にも上掲書の末尾には、「あるベルグソン派の人が私の仕事にエラン・ヴィタールと創造的進化の臨床的基礎を与えるとしているのは、一理ある感じである」と記し、さらにサイコドラマIで、ベルグソンには「自発性の原理を哲学に導入したという名誉が与えられる[24]」と記している。つまり、酷しく批判する半面で、親和感を表している。これらの相反する叙述は何を意味するのだろうか。

「創造的進化」の理論とモレノの「自発性-創造性」理論の間には、表面上、類似点を探せばいくらかは見つかる。例えば、エラン・ヴィタールと自発性は共に不可欠なエネルギーである。だが、前者がより生物的であって目的と無目的があいついで起こるという特性をもつのに、後者がより社会的でいっそう目的的である点をはじめとして、違いも明らかである。モレノが批判する――〔自発性は一瞬に発するのだが、ベルグソンには瞬間がない〕と言う――点もその一つである。こうした違いにもかかわらず、重ねて違いを――相違するのにあえて相違すると――モレノが声高に唱えるのはなぜだろうか。

まず言えることとして、もともとモレノ説とベルグソン理論の間では類似も相違も明らかで、同じ平面で論じ合うような際立った争点はない。つまり、彼は当時既に有名だったベルグソンの主題にからませて自分の考えと幾らか類似する面を示しながら、だからといって影響されたわけではないと言いたかったのだろう。だが、それと共に、ベルグソンの価値も認めている。ただしこれは単にベルグソンに当てたサインだけではなく、前世紀以来の思潮「生の哲学」へのモレノの同調の示唆であるとも考えられる。実際、『誰が生き残るか』の中には、この哲学を代表するジンメル Simmel, G.（1858–1918）らの名が登場している。

すぐれた人物も、その人が生きた時代の文化の影響を受けないではいられない。モレノ自身が意識したか否かを問わず、彼が時代思潮と共に進んだことは肯定されるだろう。ただし、その思潮にはさまざまな流れがつぎ込まれているので、彼が関与するようになったものが「生の哲学」であるかどうかが問われる。

モレノのソシオメトリーと生の哲学者たちの考えは多少ともつながりがあるという印象をもつ。

例えば、ソシオメトリーでは、個々の人の対人関係の診断とコミュニケーション・ネットワーク全体の査定の双方が同時に果たされる。そして、その結果は数量化・数式化されて、それ自体で機能するようになる。モレノもこの点に気づいて、多くの人は技術ばかりを真似ていると嘆く。ソシオメトリーは形式的な構造の中に非形式的な関係をとらえるのであり、「ソシオメトリックな方法の内部で……量的操作の中に社会構造の質的面が壊されることなく統合されている」と彼は述べる[23]。この「質的面」という言葉はいろいろな意味をもっている。モレノに従えば、人間関係の「好き／嫌い」は背後に諸々の複雑な心情を担っている。だが、つまるところ端的にこの選択に集約されるとする。また、これは単に人の意思に限られず、神の意思‐社会の秩序も表してもいるだろう。そして、ミクロ‐マクロの関係もまた、それにからまる。

つぎにソシオメトリー論の傍らに「生の哲学」者たちの言葉を並べてみた。ディルタイ Dilthey, W.（1833–1911）は〔……欲求と自然の法則との間の一つの調和……は、つまるところ、神のうちに基礎をもった目的論的秩序という理念に還元される〕[9]と言う。他方、ジンメルは〔個別的な結果に対し、一般的にこう振る舞うべきだからこれこれであらねばならないというのは、違う次元を使っていることではないか〕[32]と疑問を投げるのだが、ベルグソンはこの相対立する考えをまとめ、〔科学に基づきながら、一般理論も個別の説明も与えうるような哲学が、思考の限りない広がりを前提に成り立つ〕と述べる。こうした叙述に、ソシオメトリーの理念は何らかの面で応じているようにみえる。それは、個別の対人関係でありながら社会関係であり、一方で治療効果の測定を果たしながらも、他方では神の啓示としてとらえられているからである。

2 対立と連携

(1) フロイトおよびレヴィンへの攻撃

モレノはフロイトおよび精神分析への対抗意識が強かったし、レヴィンおよびグループ・ダイナミックス対しては激しい敵意を示していた。対立しながらも関係をもったことで、モレノの観念や視点がいっそう明らかにされたかどうかが問われる。

フロイトへの敵意

第一に、行為化（acting out）をめぐる問題がある。行為化とは本来精神分析の用語であり、抑圧されたものの浮上のしるしで、治療中の動きとして現れ、ときには他人への攻撃性を示すものである。これは転移の一つの型であるけれども、しばしば転移とは見られないような行為として現れることと解されている。フロイトは行為化が治療場面より、むしろ社会生活中に現れることを案じていた。

だが、モレノによれば、「フロイトは患者の行為化のみでなく、自分自身の行為化も恐れていたのだが、それは自らの自発性をどうしてよいか迷っていたのである」。この文句の意味を十分に理解するのはむずかしいが、モレノが行為化をフロイトより積極的に利用したということはわかる。

サイコドラマでのロールプレイはまさに行為法 action method である。モレノによると、行為の意味は身体の位置どりの仕方が心理状態を規定するということにさえ現れている。精神分析で患者は寝椅子に横たわることによって性的なことを思うのは当然だという。* しかしこの場合、「行為化」と「行為」の間を明らかには区別していない。

＊ フロイトは前額法を捨てて、自由連想に変更した。その理由は、医師が患者の身体に触れて、心的外傷の想起を権威主義的・強制的に促すことから比較的自由な発想への移行であるとされる。だが、モレノの立場からすると、ベッドに横臥させることも一つの身体的な位置どりをさせることに他ならない。

モレノのフロイトへのもの言いには、同じ次元での討論というよりかなり一方的攻撃の傾向がある。むしろサイコドラマ場面では行為することと気づきの間にさまざまな注目すべき関連があることを、ブラトナー(6)のように述べるやり方もあった。言葉に出る心のはたらきは、それが行為として表される場合に比べてより上位にあるととるべきでないといえば、いっそう穏当だったろう。言葉と行為は対立するより、むしろ異質でありつつも相補的である。サイコドラマでも決して行為だけで運営されているわけではなく、ときには監督の発言が過多であるとの印象さえうける。モレノの攻撃はフロイトへの不快感が先立って、必ずしも筋の通った話になっていない。

第二は、精神分析学そのものについての批判である。モレノによれば、フロイトのリビドーは自発性につながらないし、自由連想は自然の語りではない。リビドーを抑圧や不安などと結びつけたフロイトのシステムは後退的／閉塞的で、他人が入るのを許さない。彼は性器や尻などに注目して人間を下から覗く。

それに対してサイコドラマは、より前進的システムであって、人間を高いところからとらえており、精神分析はこの包括的なシステムの下位部分に位置づけられる。リビドーも創造性の一部になりうるし、抵抗も自発性の一機能である。対象関係を統御する要因はテレであり、転移はその主観的・精神病理的結末である。

第三者からすると、こうしたモレノの言葉の中で自由連想への批判は肯定できるが、これ以外の文言は彼特有の意見である。

他方、モレノはフロイトとの共通点にはまったく関心をもたない。例えば、フロイトが催眠術を捨てて自由連想に変えた理由の一つは、そこにあえて抵抗の入る余地を認めたこと――患者の自律的/自発的な関わりを認めたこと――だったが、この点をモレノは無視している。

モレノはことあるごとに、サイコドラマと精神分析の違いを強調した。「馬と航空機は同じ交通手段といっても違うように、両者は根本から異なる」と述べる。だが、馬も航空機も交通手段である以上、双方の間には天と地ほどの違いはない。しかも、モレノはフロイトに接したこともある次代人として、根底でフロイトに類似する19世紀的な一元論的科学観――リビドーに類比するエネルギーとしての自発性――を背負っていた。

サイコドラマと精神分析は類似面をもつ。事例（妄想上の恋人と結婚した女性）をとっても、モレノの否定にもかかわらず、サイコドラマの中に精神分析的に解釈できる面がある。他方、精神分析的な面接中にロールプレイを導入したり[29]、面接そのものをドラマとしてとらえることで治療を促す[10]場合などがみられる。こうした諸関連に対してモレノは等閑視した。精神科医のサリヴァン[37] Sullivan, H. S. は自分の著書を読んでからインターパーソナル理論を出したし、精神分析的集団心理療法家のスラブソン[33] Slavson, S. R. は自分の方法を盗んだと非難する。

とくにフロイトは彼にとって許せない存在だった。故リンカーン大統領の精神分析をした、アメリカでのこの派の代表でフロイトとも親しかったブリル Brill, A. への攻撃は執拗《しつよう》をきわめているが、これもブリルを通じてフロイトを攻撃したのだとみられている。

この心根は学生時代に発しているると思われる。モレノがウィーン大学でフロイトと出遭って、「あなたは密室で分析をするが、私は社会の中で治療をする……あなたは夢を分析するが、私は夢を与える」と議論を仕掛けたとき、フロイトは困った顔で黙したままだったとモレノは言う。だが、要するに相手にされなかったのであろう（フロイトの著作および彼が関わったすべての記事はモレノをとりあげていない）。

これは天才を自認するモレノにとって、無視されたとして、断ち難い侮辱を与えるものだったのだろう。しかし、自分の論考に絶えず精神分析を引き合いに出していること自体、彼がフロイトから影響を受けていたことを否定できない。フロイトを敵視しつづけたモレノも、晩年には興奮が薄れて、精神分析派と妥協する言動も現れていたようである。

レヴィンへの憎悪

レヴィンの「場の理論」は20世紀の心理学に多大の影響を与えた。それは、社会、人格、臨床等の心理学の諸分野に大きな知見をもたらした。そのレヴィンに対するモレノの態度はフロイトへのそれと異なり、単なる差異の強調や対抗心よりも、まさに憎悪にあふれている。

モレノの言葉によれば、「1935年にニューヨークの事務所へレヴィンが訪ねてきたので教えてやったが、彼は無断で私の考えと技法を自分のシステムに組み込み、しかも誤った形でそれをやって汚した。第三者はわれわれの仕事の類似なのを見て、『ダブっている』とか『相互依存がある』と思うかも知れないが、そんなものではない。彼の仕事は私の仕事をスタンプしただけであり盗んだのであって、人間としての倫理に関わる問題だ。盗んでおきながら直ぐ傍に座っているのは、寄生虫に等しい。グループ・ダイナミックス*の連中は、まちがった形で私の理論や技法を流しただけでなく、研修をやって資金を獲得し、研究基金まで受けている……」、「レヴィンの弟子は、実は私の弟子なのである」と。

* レヴィンたち——場理論の立場の人たち——による集団と成員、集団と集団、成員と成員の関係や相互作用を重視する研究。

上記のモレノの記述には、レヴィンがモレノ理論のどこを、どのように盗んだのかの明らかな指摘がない。モレノは1935年以降のレヴィンの著作をとくに問題にしている。しかし、彼の『トポロジカル・サイコロジーの原理』(1936)や『社会科学における場の理論』(1951)を見ても、弟子のカートライト Cartwright, D. とザンダー Zander, A. の『グループ・ダイナミックス』（１９６０）を読んでも、モレノのサイコドラマやソシオメトリーをそのまま模写した研究と思わせるような面は見出しにくい。

レヴィンの「場」は、人の認知の世界なしには成り立たない概念であるし、力動論による人格の研究もある。他方、モレノ理論には、自我論、人格論ははなはだ少なく、認知面についての言及も（治療場面でのケースに関しては触れていたとしても）少なくて、両者の力点は相当に異なっているから、モレノがどこまでレヴィンを理解していたか疑問である。

レヴィンはカッシラー Cassirer, E.（1874–1945）を学んだという。カッシラーは客観的科学の価値を認めながらも、人間におけるシンボルのはたらきや意味を重視した哲学者として知られている。彼の言葉の一つに、ヴィンデルバントの個性記述的と法則定立的の区別を批判して「判断は常に二つのモメントの総合的統一であり、普遍性の要素と個別性の要素を含んでいる」という叙述がある。[8]

レヴィンの場理論つまり生活空間（ＬＳ）と行動（Ｂ）の関連 $B=f(LS)$ は個々の行動に固有の法則があるという意味をもっており、このような考え方はカッシラーの哲学の影響をうけたレヴィン的表現といえよう。だがこの点も、モレノから言えば自分の考えに近いことになってしまいかねない。

何はともあれ、著名な臨床家モレノにこれほどまでに類似性を攻撃されたということは、逆にレヴィンの考えの根底に臨床心理学研究者としての傾向があることを示唆しているとも言えよう。実際、20世紀末には、レヴィンの遺産を受け継いだアガザリアン[1] Agazarian, Y. のような集団心理療法家が活動している。*

* アガザリアンは、個人が集団に参加するとき、その個人レベルでの場の認知と行動が、集団成員また全体としての集団の下位システムとしてどのように変化し、変化させられるかを、レヴィンの生活空間の考え方と共に、一般システム理論の視点も取り入れながら考察している。

レヴィンへの攻撃で、モレノの人間観はより鮮明になっただろうか。その個人攻撃は、彼の奉じる神の威光も演劇理論も浮き立たせたわけではない。これはむしろ、欧米からのユダヤ人移民相互の間で、心理療法の世界でも閥をもたない、モレノ自身の〝生き残り〟のための戦いではなかったか。

(2) 行動療法との友好性

サイコドラマは、その発生地のアメリカにおいてもモレノの人間観と理論を離れ、方法として独立して、さまざまな展開を遂げるようになった。モレノの研修所で学習して監督としての資格を登録した／登録してないに関わりのない、さまざまな職業人――医師、心理学者、社会学者、ソーシャルワーカー、レイ・カウンセラー――がこの方法を使っている。弟子たち以外にも、モレノと接したことのない、あるいはほとんど関わりのない心理療法家で、自分の治療法と折衷しながらサイコドラマを用いている人たちがいる。『臆病な臨床家のためのサイコドラマ技法』[19]を記したリヴトン

Leveton, E. もその一人だが、実践家には役立つヒントを与えている。

折衷と言っても、総花的に種々のやり方と並べて当方法を取り入れたものをはじめとして、実にさまざまである。これらの中でも注目されるのは、サイコドラマの方法的な一人歩き――ロールプレイだけを吸い上げて使うこと――をあらわにする活動である。また、モレノとは違った理論の下でロールプレイを一つのテクニックとしてとりいれる活動や、モレノの理論に沿って治療したと言いながら、実は異なる実態と解釈に至っている場合も挙げられる。前者に当たるのが行動療法であり、後者に当たるのは既述のパペットを用いたサイコドラマであろう。ここではとくに、サイコドラマと親和する行動療法について触れることにする。

モレノは、自分の理論や方法の異なる精神分析のみでなく、類似するやり方を用いる他の心理療法も徹底的に攻撃したが、行動療法については「行動の意味や取り扱い方を単純化し過ぎる」と述べるにとどまっており、比較的親和感を抱いている。

行動療法は人間の行動や情動を学習理論の諸法則によって改善するという、この療法の先駆者アイゼンク Eysenck, H. J.（1916–1991）の定義が知られている。これはもともと、生理的条件反射を素地に発展した条件づけによって、行動を焦点に行動変容を測る科学性を旨とする治療法である。だが1970年代以降、「行動から認知面へ」のみならず「認知から行動面へ」の関わりも取り入れる傾向が現れ、現在ではそれらを統合していっそう精緻《せいち》化した認知行動療法が広まっている。

アイゼンクとその一統は早くから断行反応つまり自己主張訓練法にロールプレイを導入していた

が、[11] 今日では認知行動療法の技法としてのモデリング、行動リハーサル、SST（ソーシャル・スキル・トレーニング）などにおいて、ロールプレイを積極的に取り入れている。* この種の技法の中でソーシャル・スキル・トレーニングをとりあげよう。

＊ モデリングとは、刺激‐反応結合の強化なしに、他者の行動の観察によって行動を変容させること。行動リハーサルとは、望ましい行動をシンプルなものにしてリハーサルすることで、望ましい行動を習得に役立てる技法。SSTは、不十分な社会的技能を高めるために、モデリングや行動リハーサルを用いる方法。諸方法の詳細はそれぞれについての参考書に任せたい。

ソーシャル・スキルとは〔自己および他者に有益な方法で他者と相互作用する能力だが、元来、学習によって獲得され、社会的に強化され、対人関係の中で展開し、……個人の目標達成に有効なものである。[45]〕

具体的なトレーニングの手順の一例をあげると、「学習すべきスキルとトレーニングの意味を理解させ、実演・ビデオによりモデルを見せて学ばせ、ある役割を演じさせることで、現実にはできない体験を通じて学習（ロールプレイ）させ、適切な行動があった場合に、ほめる、微笑む、注目するなどの社会的強化を与え、その行動の動機づけを高める」[16] というやり方をとる。学習の状況と手順は、部分的とはいえ、サイコドラマに似ている。ただし、基本理念は行動理論に則るのであるから、自発性‐創造性やインターパーソナルなテレを重視するサイコドラマの立場とは質を異にする。

モレノによると、アイゼンクは精神分析の「転移」を批判して、転移には思弁的な面と事実現象の面があるが、後者についてはいっそうニュートラルな用語の必要があると説いている。モレノはアイゼンクのこの言葉を引きながら、ソシオメトリーにおけるテレはまさにその要請に応じると述べる。また、アイゼンクは自発的治癒（spontaneous remission）を学習理論から解説するが、モレノは自発的行為と学習の自発性論（spontaneity theory of learning）がいっそう適しているとする。いつであれ自発的治癒は起こるのであり、慎重に算定された自発性訓練は自発的治癒ではたらく要因を喚起し強化する……と言うのである。* この言い方もモレノ流であって詳説されていないので、わからない面があるが、アイゼンクの趣旨そのものに雰囲気としては肯定的で、それを前提にしてのコメントであろう。

＊ モレノでは、自発性訓練に向かって被験者が待機しているときを自発状態という[24]。だが、自発的治癒なる語に等しい意味の用語は見出せない。アイゼンクの自発的治癒は、行動療法における統制群で自発的に治癒したものを指しているとみられている。

他方、サイコドラマの経過は行動療法の側からも解説できる面をもつ。ニューヨーク復員軍人病院の心理士のスターム Sturm, I. はサイコドラマと行動療法の関連を次のようにまとめていた[36]。〔モレノもアイゼンクも共に行動の非防衛的な（精神分析のいう防衛機制でない）面をとりあげる。そして、無意識的過程よりも教育的・治療的行動基準により多くの関心を寄せる。

両者の方法の宥和を目指して、まずサイコドラマの技法を行動療法の用語で記述し、次に行動療法をサイコドラマの視点でとらえるべきである。このようにして、漸次、行動療法家とサイコドラマティストの部分的役割交換を試みる。行動療法はサイコドラマの潜在力を用いることで複雑な対人関係問題をさらに有効に処理できるし、サイコドラマは行動療法の実験的な面を取り入れて、直観的手順を操作可能なものへといっそうリファインできるだろう」と。

だが、心理治療的事態の有用な理解のためには、単に類似現象に他の方法の名称を当てはめただけでは意味が乏しい。理論的な素地が異なるからである。それぞれの場面に即したいっそうきめ細かい共通の概念が求められるのであり、そうでないと真に治療者と患者に役立つものにはならない。

第6節　モレノとその時代――亡命の世代との競合

東欧系ユダヤ人の在りよう

モレノの、フロイト派やゲシタルト派の人たちに対する敵意は、視点を変えると、アメリカ社会におけるユダヤ人同士の間の生き残りのための不可避の争いの一例であるようにもみえる。その点については、フレミングら Fleming, D. et al. による「亡命の現代史[12]」における、下記のような記事が参考になる。

もともと、ユダヤ人の亡命者で西欧の生国に居住していた人たちの一部は、その当時からかなり著名な人たちであった。第二次大戦前に既に心理学の分野や精神療法の世界で優越しており、彼らはアメリカにもしばしば講演に出かけていた。また、その分野で後進国だったアメリカからも多くの学徒がベルリンやウィーンに留学していて交流があった。

西欧の学者たちも、アメリカに亡命してからは、実業学校教員や民間研究所の所長程度の地位しか得られなかったものの、経済的には一応保証され、そこを根城にして多くの秀でた仕事を果たせた。そのことは、彼ら自身の優れた能力とエネルギーにも負うけれども、支援する多くのアメリカ人たちがいたことにもよっている。

また、ゲシタルト心理学者は、アカデミックな世界内のこととはいえ、相互の仲間意識が強くてグループをつくって活動していたし、精神分析家にとっては、アメリカン・ドリームからこぼれ落ちた多数の人々の心理的救済にうってつけの（悪いのは生育環境だという）ストーリーを提供して、うけていた。以上がフレミングらの解説である。

それに対して、モレノは彼の移住後に現れた亡命著名人たちとは異なる背景を担っている。かつての居住地のブカレストにもウィーンにも特別なつながりはなく、もともとの師も弟子もいない一匹狼として成長して頭角を出していった。アメリカへはナチスによって亡命させられたのではなく、見方によっては、デカダンスの生活から自らのまいた女性問題や仲間との葛藤が因で、ウィーンに居にくくなって、逃避したのである。渡米当時はそれ以前からアメリカにいた弟の援助でようやく生活できたという。

ウィーン時代、彼は自分自身が何者なのかよくわからなかったようだ。在野の医師としての能力は（本人がうぬぼれるほど）ありそうになく、ちょっとした器械の発明とか、それとも芸術面にあるのでは……と、あれこれ手を出している。19世紀末以来のウィーンのごった煮的文化は、しばらくは彼を受容していた。その頃、アール・ヌヴォー風画家としてフロイト時代から目立っていたココシュカ Kokoschka, O. のような人物にも、その仲間の建築家の建てた個性的なカフェで他の演劇家や俳優たちと共に出会っていたようである。モレノはやがて自分の芸術的才能の無さに気づいて、この社交からも離れていった。こうしたいきさつをみても、アメリカで社会的に評価されるには並々ならぬ努力と際立つ特異性を必要としただろう。

元来、生国を異にするユダヤ人同士の亀裂は甚だ大きいものだった。19世紀末にアメリカに移住したユダヤ人のうち、ロシア／東欧系はゲットーに籠《こも》って「彼らより順調に部分的に同化しているドイツ系ユダヤ人に対し、非ユダヤ教徒に対して以上に同族意識をなくしていた」。東欧系のある者は「……異教徒のように振る舞ってユダヤ人の名を辱しめるドイツ系ユダヤ人と一緒にされるぐらいなら、死んだ方がましです」とまで述べたという。[46] ハンガリー出身のモレノにとって、ドイツ系ユダヤ人であるレヴィンはとくに不愉快な競争相手だったと推測される。彼の主題は社会問題——社会的葛藤の解決——であり、アクション・リサーチと称する研究法で、まさに現場の中で行動研究を進める。これはモレノの分野に重なっている。

社会との共鳴

モレノがアメリカ社会で是認されたことの積極面もみなければならない。その一つ目は、アメリカの演劇文化の素地である。モレノの渡米当時（1920年代）のアメリカ演劇が心理的傾向を色濃くもっていたことは、モレノの活動を側面から支援したようにみえる。20世紀前半のアメリカで最初の優れた劇作家でノーベル文学賞受賞者でもあるオニール O'Neill, E.（1888-1953）の『奇妙な幕間狂言』（1928）は、妻であり母でありながら愛人でもあれば娼婦でもあるような主人公の悩みを表す芝居で、内容は精神分析的だが、そこではしばしばサイコドラマのやり方に似た〝わきぜりふ〟が使われたという[3]。また、『楡の木の下の欲情』（1924）ではエディプス・コンプレックスまがいの話が兄弟間の葛藤にからめられる。

演劇は、観客の好評や人気を期待するものであって心理治療ではない。モレノも〔オニールの脚本-演劇はサイコドラマではない〕と述べている[26]。そうではあるが、意識的／無意識的な苦悩を念頭において演技として舞台上に表して人気をはくすこと、それが当時の流行なのであり、モレノもそれに気づいたからコメントしたのであり、時代に彼を受け入れる素地があったのを示唆している。

その二つ目は、文化と時代の流れに乗る巧みな／巧まざる「社会適応」である。先駆者風の言動や目をひく新奇なものを独自性、創造性として歓迎しやすいアメリカ人気質に受け入れられたのである。彼がサイコドラマを1940年代、新興のマスメディアであるテレビを通じて大衆化することに熱心だったのはそれへの対応である。モレノは身体活動面の強調から、ボクシング試合の王座決定戦の予想をやり、賭けにまで関わっている。

ドイツからの著名な亡命学者の何人かが、かつて生国で身につけた文化やライフスタイルにこだわって自滅したことに比べ、どこであろうと獲物を追う狩猟民族的なモレノの積極的適応性は際立って勝れていた。

レヴィンのような敵役は徹底的に攻撃したが、モレノに賛意を表すアメリカ人学者や文化人に対しては、彼らが同時に精神分析やゲシタルト学派の賛同者や後援者であっても、意に介さずに近づいて利用した。しかも、ヨーロッパ風の思弁を拒み計量化崇拝に傾くアメリカ文化に符牒《ふちょう》を合わせている。ソシオメトリーによる人間関係の統計的・数量的処理が広く受け入れられたのは、観念にこだわったドイツからの亡命者の何人かが失敗していたのと対照的であった。*

* 『権威主義的人格』の著者で、哲学者・社会学者で精神分析の知識ももつアドルノ Adorno, T.W. は、次のように述べている。「ヨーロッパ系移民というのは、偏見と競合という圧力の下で、しばしばアメリカ人以上にアメリカ的であろうとする傾向があり、同じヨーロッパ系の新参者に対しては、すべての人を、性急に自分たち自身の「適応」を脅かす一種の脅威とみなすという傾向を示していた」と（「亡命の現代史」）。

モレノ自身もサイコドラマに関連づけて次のように述べている。〔行動の心理学は〕〔ヨーロッパ人に比べて〕アメリカ人――活動志向的な民衆――に身近なのである。彼らはパイオニアの歴史と活動の理念に役立つプラグマティズムの哲学で訓練されている。〕……〔いろいろな場所に行き、いろいろな事をやる積極性は、椅子に座って読書することよりも、彼らにとっていっそう一般的な考え方なのである。彼らが闘争的心理療法を受け入れるのはより容易にみえる〕などと記している。*

＊モレノはサイコドラマの舞台で、寡黙の患者に補助自我とボクシングをさせて真剣な殴り合いをさせた。[26] だが、M・ボスの挙げた「現存在分析」の面接場面でのL・ビンスワンガーによる「敢えての治療的身体行為」例がある。[7] 面接中に場の転換のために治療者が突然、患者の首を締め付けて治療効果を現したのである。つまり、こうした身体に直接はたらきかける治療活動は（文脈は異なるとしても）、面接場面で全く生じないとは言い切れない。

積極的・社会参加的な構えという点について、さらに付け加えるとすれば、モレノは、1930年代はじめに小集団（学校と小地域社会）の広範なソシオメトリーの調査に基づいて、白人と有色人の間に潜在する社会的・情緒的緊張は、万一の場合には烈しい暴動を惹き起こすだろうと予測した。[23] その後に実際、激しい黒人の運動が起こっている。

また、モレノが晩年に遭遇する1960年代の学生運動――パリに始まって世界中に広がった大学紛争――も、こうした社会的緊張の予測を規模を拡大して受け継ぐようなものだったろう。この運動のアメリカでのリーダーたち（ヤング・ラディカルズ）を面接調査したのが社会学者のケニストン[17] Keniston, K. である。彼は精神分析家エリクソンの弟子だったけれども、青年たちとのコミュニケーションからエディプス・コンプレックスのような単純な図式で彼らの社会への抗議をとらえてはならないと結論づけた。家庭や発達段階で受けた内面的な混乱がどれほどだろうと、彼らは新しい制度の必要を強調する運動に向かって参加し、積極的に行動していた。ケニストンは、未来に向かって新たな価値創造に努める青年たちを、幼児期の体験と関連づけてとらえるだけでは妥当な理解に至らないとした。[17] この前向きの思潮も、モレノにとっては自分の理念と活動の妥当性をある面で再確認させるものだったろうと想像する。

推進力としての個性

モレノはあたかも自らが神であり、キリストの再来であるかのように広言して憚らず、誇大妄想を疑われたこともあった。だが、そのことによって大きなカリスマ性を得たこともあっただろう。彼の生涯を顧みると、サイコドラマをはじめとする諸治療活動、あるいは諸種の社会的活動の推進力となったのはその強烈な個性であることが知られる。それにもかかわらず／そのことによって、その理論と技法は彼が生きた時代のアメリカ社会で受け入れられた。

個性をとりあげる際に留意したいのは、個性と社会・文化環境の相互作用である。モレノの人生の場合にも内的・外的二様の環境の重いきずなをもつ。その一つは、既述のような移住したユダヤ人内部の競合であり、その競合の反動としてアメリカ人以上にアメリカ人たろうとする欲求である。そして他の一つは、法律に反しない限り、いかなる手段を使っても自己主張して勝者にならねば生きられないという、自由な国アメリカ風民主主義の風潮の一面である。

アメリカ社会もユダヤ人を政治の世界で覇者にすることは少なかった。20世紀の半ばを過ぎてもWASPからは「見かけはともかく、あの名前から彼がユダヤ人だとわかる」などと言われる位置に置かれていた。かくして彼らは社会で自分たちが自由に動ける分野とみた金融や食糧、法律や医療や学者の世界で支配者になった。これは彼らがアメリカで生き抜くための不可欠な態度だったと言える。どのようなものであれ自己主張を健康現象とみなし、アメリカそのものを傷つけなければ許容するこの国の風潮も、こうした態度を受け入れたのだ。

モレノはアメリカを可能な限り自己のために利用した人物の一人と言えよう。彼の個性の強烈さはフロイトやレヴィンに対する面で既に明らかなので、社会の風潮に乗って頭角を現した彼の諸特性を記すにとどめる。

極端な自己主張によるさまざまな自己顕示欲が中核である。それは、自己に関する過剰な自信、うぬぼれ、ふてぶてしさ、大もの気どり、自省の欠如――敵視する人へのさまざまな種類の執拗な攻撃、権威主義、優先権主張、他人の利用と使い捨て、そして喝采《かっさい》願望と名誉欲、権力志向、どぎつい自己宣伝……にあらわである。

例えば「優先権」について、モレノは自分の本業や研究主題とは関係の薄い事柄でも、多少とも自分が関わるところがあれば、優先権を主張し、模倣されたと訴えた。著書の表題の『誰が生き残るか』の指す意味は、モレノは一方では、〔人類の危機に対する人間の実存の生き残りを表す〕と言うが、他方では、〔自分を真似る者が出ても自分はさらに生き残って新たな創造を続けるという意味だ〕と記している。*

* フロイトも自分のアイディアの盗用に過敏だったといわれる。だがそれらは主に精神分析学派内部での事柄だった。他の流派や専門外の事物に関わる人たちを公刊書で盗人と呼ぶ点はモレノに特徴的である。

後人はモレノに直接に接することができず、上記の諸々の特性も手もとにある著作や伝記から得られる限りのものであり、彼の治療実践例に関わりをもつ言葉には、他人との親和を期待する態度もうかがえる。だが、公的な発言や叙述では、終始、顕示的態度を前面に打ち出すことがアメリカで生きるには最善であると判断したのだろう。

実際、無名の移民がアメリカ社会で成功するのは容易ではない。厚かましく見えるモレノの態度も、あの国では厚かましいとはとらないし、もしそう受け取れば（遠慮・我慢・慎み・沈黙を尊重する従来の日本的価値とは逆に）それなりのはっきりした対応–反発をするのが大多数のアメリカ人である。この環境との間柄を考えるなら、モレノの行為も単に彼の性格に帰するのでなく理解できる面がある。直接に接することがモレノという人間を知るための不可欠の条件ではない。

強烈な性格も、創造を目指す人間観も、自発性を推進する治療法も、この社会環境にマッチしている。モレノはアメリカ社会での一般的な適応のやり方を踏襲したとも言えよう。

彼がニューヨークに到着した1920年代後半、既にアメリカの心理療法の領野に広くゆきわたっていた精神分析、それに比肩する行動療法、その後には新興の人間性心理学派やロジャーズ派が出現した。これらがシェアーを競り合う世界でモレノがサイコドラマとソシオメトリーを伸ばしていくには、並外れた闘争とエネルギーが必要だったのだろう。

まとめ：モレノの人間観とは

モレノは、人間は社会の中で自発的に役割を取って行為し、可能性を求め、開拓すべきものを探して、絶えず新たな前進をすべきもの／できるものととらえている。モレノの描く「人間」は、自己の心をのぞきこむ人間ではなく、自己主張し、積極的にはたらく生活人であり、頭で描かれる人間「観」ではとらえられないものである。だが、あえて人間観はと言えば、それは彼が生涯を通して実現したファイトのある前向きの心の「健康」な人である。

健康な心のはたらきを失い、負け犬になったと思っている人間を援助して、健康を取り戻させ、勝たせるのがモレノにとっての治療である。したがって、言葉のやりとりだけでなく、身体を使い、物を使い、普通の社会行為のやりとりを治療場面——サイコドラマ——で発展させるのである。

サイコドラマの実際のやりとりを指導者側から見ると、指導・教育であり、管理・監督であり、ときには外科的な操作にも似た対処を行っている。彼の情愛は個人的な共感ではなく、現実の当面の問題の解決という明らかな目標に向かっての訓練で示され、患者側はそれに応じる自発性を培うことで応じなければならない。

個人治療はまた同時に社会治療でもある。彼にとって、ある対人関係の問題の解決は他の対人関係につながる。したがって、総体的な関係のネットワークから孤立部分や衝突の部分をどう調整するか、そして全体がシステムとしてどう発展していくかが重要である。この関係は個人を取り巻き、家族やさらに広く社会に関わっている。

これらはまた、すべて神の創造するところなのであり、したがって、社会での問題の解決は神の意思である。個々人の治療は人類の治療である。特有の信仰心と人間の治療方法がモレノの中でつながっている。

モレノにおける一方の「人間と社会と神の結びつき」と、他方の実践活動につながる「ソシオメトリーやサイコドラマという体系的な技法」、そしてその「効用」を対比してみるとき、最も印象深いのは、それらのつながりの「不思議さ」である。脱価値的な科学はモレノには存在しない。彼は、〔自発性を生み出したいという気持ちがそうできないなら、その不幸は、より大きくなる〕、と述べる。つまり、彼の自発性は心理・生理的事象でありながら、同時に倫理性を帯びている。したがって、「自発性研究の発見は……理詰めで説明するように強いる体系を無用にした」とも言う。まさしく、フロイトの態度の逆を強調している。

彼は彼自身が自発性に溢れているとみなしている。彼は、自分が語ること、行うことはすべて正しく、善いことだし、自分の心理療法は患者を喜びに満たすことだと断定する。これは彼の信念である。

だが、心理治療技法としてのサイコドラマの発展には、モレノの考え方を十分に学び、その信念と理論の関わりをいっそう深く理解した上で、科学の視点に基づいてより多面的に開かれた形で、とらえ直す必要があるだろう。

●第4章

ロジャーズとクライアント中心療法

第1節　クライアント中心療法のあらまし

1　画期的な特性

クライアント中心療法とその創始者ロジャーズ Rogers, C. R.（1902–1987）の名前ほど、1950年代から1960年代にかけて燎原《りょうげん》の火のように、わが国の心理臨床家や心理カウンセラーに広く知れわたったものは無いだろう。一時は治療的な面接相談はこの方法以外に無いかのようにさえ見られた。

心の問題の解決のための援助を求めて訪れる人（クライアント）を心理療法家やカウンセラーはどう迎えるだろうか。通例は、まず話を聞くことから始まる。一般に精神医療場面では、面接は、心身の検査、投薬、リハビリテーションの諸ワークの実施と同様な、治療のための1段階とみなされる。非医師のカウンセラーの場合もこの手順を模していることが多い。つまり、面接、生活史調査、心理テスト（質問紙法や人格投影法など）と行動観察で査定（診断）を行い、ケース・カンファレンスで処置方法を決める。

だが、クライアント中心療法家は違っていて、そうした諸々の手段なしに／それらに頼らずに、まずはクライアントの語ることをひたすら傾聴し、クライアントをあるがままに受容することにすべてを注ぐ。その結果がクライアントの人格を自ずから転換させ、問題解決につながると信じる。この治療者の態度は、機械的に質問するだけの多くの（とくに身体面）医療スタッフの場合とすぐれて対照的である。つまり、最初の面接それ自体から既に治療に入っているのであり、診断即治療／治療即診断という構えをとっている。ロジャーズ派の中にはやがて、診断は無用であると言う人さえも現れた。

ロジャーズを日本に紹介した心理臨床家の一人に友田不二男（1917–2005）がいる。友田の当時（1950年前後）のロジャーズへの熱狂的な傾倒ぶりは目をみはるものだった。友田が催し、筆者も参加したことのある小研究会で彼は「医師が精神分裂病（統合失調症）と診断する人がいる。そういうレッテルを貼られる人はいるかも知れないが、それは一人の人間としてのその人とは無関係である……患者を治すのではなくて、患者に治っていただくのだ」と紅潮して述べていた。

クライアント中心療法も、後述のように精神分析とのつながりをもち、それから派生した面をもつといえる。だが、この方法は精神分析学のような難解な用語、複雑な解釈、手法を使わない。日本に精神分析は既に1920年代初頭に輸入されていた。しかし、眼の前が良ければ良しとして、本質に関わる根底の恥部や暗部を見たがらぬ多くの日本人には、過去を暴くようにみえる精神分析は人気がなくて、昔も今も信奉者は少数派である。それに比してクライアント中心療法は、まずもって今の現実を強調することで、この国のカウンセラーとのいっそうの親和性を示したのである。

第二次世界大戦後の日本の政治・文化のイデオロギーに適合したのは、クライアント中心療法だった。それは、主体的な人間と主体的な人間が交わるという民主主義理念を前面に出して、誰にでも納得できるものと歓迎された。クライアントの人間性を尊重し、ありのままに受容することに努める治療者の態度は「人間的である」・「温かい」・「許容的」・「癒される」という風評を得た。その半面、クライアントの主体性とその責任を重視する本療法の半面の厳しさは、たいして注意されなかった。顧みると、クライアント中心療法も日本的に受けとられて歓迎された向きがある。

だが、注目されるのは、この療法におけるカウンセラー/臨床心理士の在りようである。ロジャーズ時代以前は病院やクリニックや児童指導センターで、「非医師の心理臨床家は精神科医の管理と指導の下に彼らのオーダーによってのみ業務を果たすことができる」[47]という考え方が支配的だった。だが、ロジャーズのクライアント中心という特有の立場は心理臨床家自身の主体性を強調し、尊重した。

さらに、この療法が多くの信奉者を生んだ隠れた理由の一つはロジャーズの人柄だろう。彼の弟子であり同僚でもあったジェンドリンGendlin, E.（1926–）は、「彼は怒りをあらわにすることなどなかった。自分の気持ちや要求ははっきり述べたが、それを人に押し付けなかった。秘書が友人と電話で話したりしていると、彼女の手が空くまで……忍耐強く待っていた。……彼は人を心から思いやった……」[15]と述べている。

ロジャーズは主に他人の良い点を見る傾向があり、自分にも他人にもオープンで柔軟であり、かつ鋭い感受性の持ち主でもあった。他人の体験や新知識を自己の理論や実践に取り入れてもいた。ただ彼自身は、「自分の敏感で脆い部分だけではなくて、たくましい部分も知ってもらいたい」[41]と言っている。ともあれ、周囲の人たちにとっては魅力ある人物であったのだろう。

この療法も、輸入以来60年を経た今では、新奇な印象を与えなくなっている。バリエーションもいろいろと現れている。だが、原法は心理臨床家にとって心理療法の一般的な基礎を教えるものとして受け取られている。クライアント中心療法を批判する他派の心理療法家にしても、「なぜ反対なのか」と反問されると、「基本の構えとしては否定するものではないが……」と付け加えざるをえないのである。

2　技法と理論

ロジャーズはアメリカのイリノイ州出身（1902年生まれ）で、プロテスタントの厳しい家庭で育っており、その影響は長年にわたっていた。高校時代には農園で農耕にいそしみ、神学校を経てコロンビア大学で臨床心理学を学んだ。妻ヘレンとは恋愛を経て学生時代に結婚し、あたたかい家庭を築いていった。晩年に女性関係によるいささかの波風も立ったようだが、それも乗り越えている。大学卒業後、1928年よりニューヨーク州の児童相談研究施設で相談実務に携わった。1940年にはオハイオ州立大学に教員として招かれ、その2年後に心理相談についての画期的な書として知られる『カウンセリングと心理療法』（初訳は『臨床心理学』[33]）を出した。その後、シカゴ大学（1945–1957）を経て種々の大学で活動し、晩年には国際平和のための会議に参加して主催もしている。１９６０年代には最初の来日を果たしている。*

＊ 来日したときの矯正施設職員との討論会での「人間性尊重の受容は収容者（カウンセリー）が拘束されている状態でも当てはまるか」という質問に対し、ロジャーズは「その収容者がカウンセラー役の職員をどう受けとめるかにかかっている」と応答していた。

ロジャーズの治療法は、非指示的カウンセリングと呼ばれた時代から、クライアント中心療法と称したものを経て、パーソン・センタード、そしてそれに並行して、エンカウンター・グループ（出会いのグループ）の活動へと、名称も重点も実践形態も移行している。* 晩年はとくに「人間になる」という点を強調し、スピリチュアルなものにさえ触れている。しかし、「基本的な原理というものは、かつて言われたものと同じであると考えるし……なぜその技法がそのように重視されるかに注目すれば……異なった諸活動に対しても同一であることを知る」[15]のである。

＊ 近頃は人間中心のアプローチ（Person Centered Approach）と称することが多いが、当方法の最盛期はクライアント中心と呼んでいたし、当事者も一人の治療者（カウンセラー）と一人の患者（クライアント）だった。そして本書は心理療法を主題にしているので、クライアント中心療法の名称を用いる。

ロジャーズのクライアントは、19世紀末にフロイトが迎えたような中・上流階級の患者のみではなく、多くの学生や一般市民を含んでいた。そして、治療の焦点は常に個人の自我の発展だった。

エンカウンター・グループでも個人カウンセリングと同様に、クライアント中心的な構えのリーダー(ファシリテーター)と個々のメンバーの精神的成長の促進に焦点がおかれていた。そのグループはベーシック・エンカウンター・グループと名づけられているが、これは多様な種類の理論と技法を含むグループ・エンカウンター[44]と呼ばれるものの中の特定のタイプなのである。そこでは、集団自体のパワーをみるグループ・ダイナミックス的な視点はとられてはいなかった。

ロジャーズの初期の技法と理論をかいつまんでとりあげる。これは彼の人間観に関わる限りでの、おおむねの輪郭と恒常的な本質のスケッチである。

ロジャーズが1940年代初頭から提示した指示的な古い療法に対する新しい心理療法と称したものの特徴は、指示やアドバイスなどのやり方で人に対して何かをすることでもなければ、人に何かをさせることでもない。治療者側で「これこれすべきである」とか、予めの目標を立ててそれに向かう処方に問答無用で従えさせる、といった手法はとらない。問題を抱えた人自身が、自分を自らのわだかまりから解き放って自由にし、正常に成長・発展するのをひたすら支え、促す――これを治療と称したのである。

技法の重点は、(i)知性的な面よりも情緒的な要素におかれる。(ii)当人の過去におけるよりも現在の場面におかれる。重要なのは「今・ここで」の体験であり、関係である。(iii)治療的人間関係――治療的面接――それ自体が成長的体験になる、ということであった。

彼は古典的精神分析に対して、「徴候を児童期における原因までたどってみたところで……それらの説明を患者が受容できるのでなければ、治療には全然役立たない……」[33]と批判する。治療者はクライアントに指示・忠告・説得・激励などをやらない。まして自分の私的な経験を語って手本にさせるようなことなどはない。治療者はもっぱらクライアント自身の生活体験とその場を共にするように傾聴する。

初期にとられた技法を項目だけを略記すると、①非指示的リード、②単純な受容、③感情への反射、④質問、⑤感情の明確化である。ロジャーズは当時から、この種のモデル化や図式化が事態を形式的にうけとりがちになることを警告し、それぞれの意義をしっかりとらえるように勧めている。例えば「受容」について、クライアントの言葉をただ黙って聞いていることが受容的だとみられやすいが、治療者の仕事はクライアントの言葉が何を意味するかに最大の注意を払うことであり、ただ聞いているのとは異なる関係である。実際、ロジャーズ自身のやりとりの録画を視聴しても、単に聞いているというよりも、話の示す状況の意味が不鮮明のときには尋ねるし、口を挟むこともある*。

＊　わが国にロジャーズの治療法が導入された当時、経験の浅い治療者はその理念や理論を身につけずに、技法を俗にいうハウ・ツウ的に受け取り、それをどのクライアントにも、例えば「はい」／「えー」としか言わないとか、「辛いです」に対して「辛いんですね」とのみ応じるなど形式的に当てはめたため、成果をえないのみでなく、クライアントの反発を招いた場合があった。

また、「明確化」はこの療法にとって中心的な意味をもっている。クライアントの感情を、当人が気づいていない感情も含めて言語化して明確にして伝えることである。その体験にクライアントが面と向かい、自らを分化し、鮮明にする機会を与えるのである。こうした作業は同時に、治療者がクライアントを十分に理解することになる。ここでいう理解とは共感的理解である。共感的理解とは単なる同情ではなくて、共感しながらも理解するのである。

事例――劣等感を越えた学生

ロジャーズの治療活動のごく初期の著書にある男子学生の例を記し[33]、クライアントの自己観が彼の生活においてどう関わっていたか、また、それがカウンセリングの過程でどのように変化したかを、逐語記録の一部を転記したもので示してみよう。クライアントは、知能は高いが体格が弱くて劣等感をもつ学生ポールである。

学生〔学〕「僕は――あの――他の人より劣っていると思うんです。本当に――本当にそう思っているんです」

カウンセラー〔カ〕「君は人並みではないと思い込んでしまっているんですね」

学「そうなんです」(沈黙)

カ「もう少しそのことを話してくれませんか」

学「ええ、申し上げましょう。僕はある程度、人類学、犯罪人類学に興味をもっているんです。（沈黙）そうですね、僕はずっと——そのう——ずっと人間の体格を比較しているんですが、僕の体格は確かに劣っているようなんです。それでも僕はやめられないんです。——決して——また、人間の行動は体格によってほぼ示されると信じているんですが、そうではないでしょうか。僕はそう信じているんです。……（中略）……

カ「すると——ふーん——君は他人の体格の型を見ると、自分が劣っていて、誰よりも一番低いと思っているんですね」

学「いいえ、それほどじゃありません。そんなこと言うつもりはありません」

カ「しかし君は標準尺度に照らすと、ずっと下なんでしょう」

（原注）カウンセラーが感情に対してより、内容に対して応じやすい性質の場面である。……もしも……彼（ポール）の考えが誤りであることを知的に納得させたとしても……何かそれを証明するような材料を見つけるまでのことであったろう。その結果カウンセラーは、彼の根本問題には触れなかったであろう。

学「ええ（声を立てて笑う）、そんな風に考えているんです。僕はそれについて自分の心を変えるために、何か実際の根拠を得たいんです」

カ「ところが君は、今までのところでは、誰一人そうではないと言う確信を君に与えることはできないと思っているんですね」
学「ええ」（沈黙）
カ「きみがそのように何かある一つの確信をもっている場合には、必ず他の経験によって裏づけられているんでしょうね」
学「そうですね、僕は——その——どうして——どうして興味をもつようになったのか？（沈黙）僕は——どうしてそのことに興味をもつようになったか正確には思い出せないんですが、まあ、自然の成り行きだったんでしょうね。とくにこれといって体格に興味をもつようになった原因はないんです。……（中略）……あるときには、うんと背が高くなりたいと思ったんです。幸福は背の高さと比例していると考えたんです（声を出して笑う）。僕は——いまになってそれを考えてみると、まるっきり馬鹿げていたんですね」
カ「当時はそのようなことを本当に信じていたんですね」
学「ええ、本当に信じていたんです」
カ「君はどうして自分自身をそのように考えたのか、それについて何か気づくことはありませんかね」
学「そうですね、例えば僕は、自分が小さかったんで、大きい人たちを羨んだんです。僕は——そのう、男の子たちにいつもたたかれていましたんですけど、僕には打ち返すことができなかったんです。そのことが何かしら関係しているでしょうね」
カ「君は喧嘩に負けてばかりいる犬のような経験をたくさんもっているわけですね」

学「ええ、そうなんです。僕は後れをとってばかりいたんです」（沈黙）
カ「もう少しそのことを話してくれませんかね」
（次いでポールは、自分自身が個人的にも社会的にも不適当だと感じるようになった幾つかの体験を話し、自分はどんな場合にもその「場の主人」になりたがっていると言った）
カ「今でも君は実際にどこかトップの近くになることはできないと思っているんですね」
学「ええ、そんな柄ではないんです。もちろん僕がトップになると考えなければならない理由は何一つありませんけど、しかし僕の現在の姿は本来のものではないと思うんです。今のような状態であってはならないと考えているんです」
カ「あってはならないと？」
学「そうです」（沈黙）
カ「君は自分が実際に進歩しているよりも、本当はもっと進んでいるべきだと考えているんですね」
学「ええ、僕は能力はあるんです。確かにあるんです。――例えば、僕は数学の力をもっているんです。確かにあるんです。現にいつでも数学では友達より良くできるんです。それだけは間違いないんですよ」
カ「そうすると、少なくとも一つのことでは、一緒に勉強しているどの学生よりも実際に優れているわけですね」

面接中の学生の発言のポイントから、この学生の自己観をロジャーズ式に筆者がまとめたものを記すと……。a「僕は他人より劣っていると思う」（歪められた経験）、b「確かに体格は劣る」（受け取った実際経験）、c「一番背が低いとは思わないけど、それは明らかにできない」（否認した経験）。

こうした自我の受け取り方は、クライアント中心療法を経て次のように変化する。a「私は、場合を問わずにトップに立ちたかったのだ」、b「叩かれたりしたので、幸福は体格と比例していると思っていた」、c「私にも能力はある。数学では友達より良くできる」。

ロジャーズはこの事例について以下のように述べる。自己自身に関するポールの否定的感情が受容されるに従って、彼は自己自身の中にその長所を認めはじめるようになる。彼が自己自身に関する最も悪い感情に直面すると、たとえ、それらのすべての自己批判が真実であるとしても、それらはなお彼の全体の姿ではなく、それ以外に長所もあるのだという建設的自覚が現れてくる。つまり、拒否された経験が意識に上ることを許され、短所・長所共に自己の一部に受け入れられるようになると、自己観が変わって自己は再体制化される。

「幸福は背の高さと比例していると考えたんです（声を出して笑う）。僕は――いまになってそれを考えてみると、まるっきり馬鹿げていたんですね」という自分の短所の表明に対するこの学生の言葉と態度は状況の変化を象徴的に示している。

ロジャーズによれば、「有機体（ロジャーズでは人間を指す）は経験され、認知されるところの場に対して反応する。この認知の場は個人にとって真実なのである」[35]。つまり、人は何か絶対的真実なものに対して行動するのではなく、真実とみる自分の認知に応じる。認知こそは自分にとって、その個人にとっての真実なのである。このような認知は経験によって検討され、再検討される。現実の中での経験は認知と密接に関連している。認知そのものもある種の経験である。経験はやがて意識的に自覚される経験となり、その変化は自己観の発展を促し、治療に深く関与する。

今、生じて具体的に進行している経験の流れ——体験過程——が重要である。この流れは身体感覚的に意識される過程である。ロジャーズから教えを受けたジェンドリン Gendlin. E. は、この過程をとくに重視した[15]。それは感覚/感情をはらんでいて、直接に〝それ〟として——対象として——照合される。照合された感情は次第に適切に概念化され言語化される。それには複雑だが豊かな意味が含まれている。ジェンドリンはこの過程に基づいて、新たに独自の治療法——フォーカシング[16]——を創り出した。*

＊ 体験の意味は、ジェンドリンではロジャーズと基底においては類似するが、視点が異なっている。ロジャーズではクライアントの認知する具体的・実際的世界での経験内容であった。だがジェンドリンは、「今・ここで」刻々と変わる何かの感じと、それがやがて言語化され意味を帯びてくることに注目し、この感情の流れを体験過程と名づけた。治療者は体験過程にフォーカシング（焦点づけ）を行うことで、治療を促進できるという。

第2節　治療関係と治療過程

クライアント中心療法では、なによりもまず治療者自身がクライアントその人をありのままに認知しなければならない。「カウンセラーのねらいは、クライアントが自ら進んでそのような認知の場を伝達しようとしているだけの十分な度合いにおいて、それと同じ図柄と素地との関係で、一切の認知の場を、クライアントによって経験されているがままに、できるだけ敏感に精確に認知することであり、つまりこのようにして、他人のこの内部的な照合の枠組みをできるだけ完全に認知し、カウンセラーがクライアントの目を通して眺めている範囲をクライアントに示す」のである。[35] つまり、クライアントの見る世界を治療者がそのままにとらえること、また、そのことがクライアントに理解されることが治療的面接の根幹であり、それによってクライアントは自分自身をより深く理解するのである。

クライアント中心療法のすぐれた特色は治療者とクライアントの関係にある。それは第一に、治療者による来談者の受け止め方である。ロジャーズによれば、「カウンセラーはクライアントの経験に入り込むために、自己自身の自我を自ら一時的に取り払おうとする……積極的意志」をもつのである。

そして第二に、クライアントが感じる安全性である。「クライアントが……カウンセラーによる、何らの評価も、説明も、探索も、人間的反応もないであろうという、この絶対的保証なのである。……あるがままの彼を尊重している誰かがここにおり、しかもその人は、彼がどのような方向をも自らすすんで自由に選択するようにしている」、「自我が心から尊重されているところの安全な経験であるということ……このことを、クライアントは漸次に確信するようになるのである」。

クライアントはこの安全感をもって、自己および周囲のさまざまな状況を自由に認知し、与えられた治療関係を生きるようになる。この態度は転移されたのではないし、再教育されたのでもない。ロジャーズによれば、〔情動化された依存関係が、ほとんど常に見事な分析的治療の核心であり焦点をなすものとなるのに対し、クライアント中心療法においては……（依存関係は）……むしろ、自分の側にあるものだと……クライアントが意識することが治療の焦点である。……転移という関係も恐らく、クライアントが自分自身よりいっそう巧みに他人が自分の自我を理解していると感じる――そういう経験をするときに最も生じやすいだろう[35]」。

上記のような治療者の関わりを通じて、クライアントもまた次第にその態度を変えてゆくのだが、ロジャーズはそれを、治療者の態度の移り行きと関わらせながら、過程的変化として公式化している[39]。これは以下のように要約されるであろう。

クライアントは、カウンセリングの初期には、（i）自分の感情生活を意識していない。（ii）その感情を自分の外のものとみなす。（iii）その感情を受容できず、悪いものとして描く。だが次第に、（iv）その感情をある程度受容し、自己の現在の対象として自由に表現する。（v）表明した感情を自分のものとして認め、受容する。（vi）以前は意識されなかった感情が、今や直接的に体験され、受容される。（vii）変化しつつある自分の体験過程の流れの中に気持ち良く生きている。彼はこの過程を信頼している。

要するに、クライアント側は、過去の経験に縛られている段階から、「今、ここで」の経験の意味を感じとるようになってゆき、経験を自己のものとして受け取れない段階から、経験と自己の合致へと進む。

他方、治療者側もとらわれを捨てて、自己矛盾のない一人の人間であることによって、クライアントの中にある人間あるいは可能的な人間に関わるようになる。こうした治療者をクライアントも理解するのであり、そのやりとりがクライアントの成長を促してゆく。

ロジャーズは、「この過程が治療者との間での治療的関係条件をもたらすのであり、それらの条件は科学的に実証される。「なぜ」そうなったかを解説してしまわないでも十分にやっていけるのである」という。

治療過程をとりあげる際に問われるのは、クライアント中心療法における科学性であろう。ロジャーズは自らの治療法を客観的にとらえたいという意欲をもっていて、クライアントの認知や自己意識が治療の前と後でどれだけ「いかに」変容したかを評価した。

そのためにいろいろなテストを用いているが、とくに重視したのがQテクニックである。[36] この検査法の妥当性はなお検討を要するが、彼が心理療法という複雑な関わりを、同時に一つの科学として成り立たせたいと考えていた意欲をみることができる。[*] Qテクニックを用いた「研究は、精神療法の所産に関する、適切な統制が利用されているところの、最初の、完全に客観的な研究である」とロジャーズは述べる。こうした査定の試みは、また同時に治療法そのものの客観性を指すし、それに参加する人間における普遍的な面を指す意味をもつであろう。彼が人間性についてしばしば使う有機体という語も、この科学志向から表れたといえよう。[**]

＊ Qテクニックでは、まず治療面接の原記録から無作為に取り出した自己記述に関する短文をクライアント群およびそれと比較するための対照群（治療は受けてない群）に与える。次に、この人たちに対してそれらを「私に似ている」から「私に似ていない」までと、「理想に似ている」から「理想に似ていない」までを分類するように求める。クライアント群全体が治療初期には自己と理想の間に大きな不均衡をもっている。それは自尊心が低いことおよび明らかな内的緊張があることを示す。しかし、結果をみると、治療の終期ではこの不均衡は減少する。

＊＊ ロジャーズは初期の治療理論では人間を〝有機体〟と称していた。有機体という言葉が単に心身の統合体としての人間を指すなら、あえて使う要はないだろう。ロジャーズが少年時代に農学や生物学に熱中した経験の残滓のようにみえる。彼は後年〝パーソン〟中心という呼び方に移行したが、人間を科学的にとらえる側面を放棄してはいない。

ロジャーズはその後期（１９５０年代後半〜１９６０年代）において、治療者が技法的であるよりいっそう自らの態度に気を配ることを強調するようになる。その焦点は既述のような、それまでの彼の治療経験を再確認し、浮き彫りにするものであって、要点は三つである。①クライアントに対する無条件の尊重、②共感的理解あるいは感情移入的理解、③治療関係の中での経験と自己概念の一致、つまりクライアントとの間で矛盾のない純粋な関係を保つことである。(38)

第3節　理論の背景

1　精神分析との関わり

ロジャーズがその著作で自分の理論や技法に影響を与えたと記している人々がある。その人たちの著書を取り出して影響の跡を確かめるなら、彼の人間観の理解に役立つ点があるだろう。彼自身は気づかないでも影響を受けている思想や理念もありうるが、まずはロジャーズ自身がそれを認めたものに注意を払わねばならない。

初期（1942年）の著『臨床心理学』(33)の冒頭で挙げられているのが、精神分析の先駆者の一人のランク Rank, O.（1884–1939）である。ロジャーズは「クライアント中心療法の根幹はランクの治療法や見解を統合しているフィラデルフィア・グループの中に見出すべきである」と述べている。ついであげられるのは、人間性心理学として括られる人たちの考え方である。彼らとの近似性はロジャーズの叙述のあちこちに見出せる。この派の一人であるマスローの理論からはとくに影響を受けたようにみえる。

上の関連より背後にあってより一般的影響といえるが、アメリカで発展したゲシタルト心理学をあげることができる。この学派の「個人として考えている現象の全体性との相互関連性を強調している点を重視すべきであり、とくにそのことはレヴィン Lewin, K.（1890-1947）とその弟子たちの業績と関係があるのは明白である」[34]とロジャーズはいう。

ランクの考え方はとくに重要な位置にある。彼はある点で精神分析とクライアント中心療法を橋渡ししたと言うことができるだろう。ロジャーズは既述のように精神分析には批判的だが、実は分析の考え方は部分的とはいえ、ロジャーズの治療法そのものにまで及んでいると言えよう。

(1) ランクの意志療法

ランクはウィーン時代のフロイトの草創期の直弟子の中では珍しい非医師の精神分析家である。彼の初期の研究は精神分析学の発展に資していて、当時はフロイトにも重用されていた。しかし、第一次大戦を経て著しい心境と学説の変化が生じ、とくに、発達における性にからむ親子関係の葛藤よりも、分娩時の外傷を神経症の要因として重視するようになって、やがてフロイトから離れ、パリを経てアメリカに渡っていった。

彼を有名にした１９２４年出版の『出生外傷』なる書はフロイトに捧げられている。[31] この当時、既に不和になっていたフロイトはためらった末に受け取ったという。だが、性的要因を主役にしてはいないものの解釈法はほとんどが精神分析のやり方に則っている。この点は何人かの学者が認めている。(5)

出生外傷は母親の胎内からの分離に伴う不安であり、その後の人生のさまざまな別離に対する不安を惹き起こすトラウマになっているという。そうした不安の強い者はやがて母の胎内に戻りたがるようになる。しかし、原点への復帰要求は男女の交接にもみられるのであり、原始の大昔、人間には男性・女性以外に男と女が合体した男と女の頭をそれぞれ一つもつような男女性があって、そうしたものへの復帰要求と解されるという。*

* この話はプラトンの『饗宴』(29)からとった寓話に拠《よ》っている。第三の性——男女性——の引用はフロイトも行っており、これはさらに古いインドのウパニシャッドからとったものだという。ランクは『出生外傷』以前に『分身(ドッペルゲンガー)』(30)を著している。彼は人格の解離と合体や同一化の問題にもともと関心が強かったのであろう。

「出生外傷」説は一種の精神分析学であるが、その内容にフロイトとは異なる主張も散見する。彼は次のように記している。「あえて『医師ということでなく』述べるが、まずは純粋に人間的・実践的要素を強調すべきである。……精神分析で達しうる唯一のことは、無意識に対する自我(Ich)の構えの変化である」、「患者は回復のさ中にしばしば『新しく生まれるように感じる』」。また、「分析で補助された意識によって正常な発達が強化される」、「健康人の発達をみると、出生不安を何年もかかってのり越えている。これは成人になっても続くのである」。そして「最終的には、患者は分析者との同一視を果たして分析から解放され、自立してゆく」と述べている。こうした諸々の文言は、やがて現れる彼の「意志療法」への発展を予示している。

ランクは1926年頃にフロイトと最終的に袂《たもと》を分かち、パリで『意志療法』[32]を著した。この療法の特徴は、患者の意志を尊重して自己主張を支えると共に、それに伴う集団からの分離不安や罪意識を解放させることにある。普通の人は主張と従順の葛藤をバランスをとることで社会に適応し、創造的な人はいっそう積極的に意志を押し出して独自の世界を創り出す、と彼は言う。

意志療法を簡単に紹介すると、以下のごとくである。転移場面でも治療的に効果するのは患者と治療者の間の関係に潜在する意志である。治療の終結も患者の意志に基準をおいて、患者自身が目標を定め、達成する時期を見出す。患者は常に分析家が設けた場面の中央にいる主役である。あるゆることが治療場面の理解、つまり、それをいかに正しく扱うかにかかっている。強調しなければならないのは、与えられた現在の場面である。過去から自分を解放しようとする人の建設的努力を認めねばならない。

こうした構えは、社会精神医学者のブラウンをして「患者が自分の意志で自分の病気を治せるなら、精神分析自体が不要になる……[6]」と言わしめる。だが、この構えがロジャーズの理論と技法に引き継がれている。

ロジャーズにおける「現在の場面」の強調は、レヴィンの場理論からも示唆を得ていると推測されるけれども、とくにランクに負うところが大きい。ただ、ランクの強調する意志はクライアント個人の意識に基づく印象を与えるが、ロジャーズではいっそう広く全体としての人間の成長に変えられている。

ちなみに、ランクの影響は、わが国の精神科医の間ではロジャーズ以上に名の知れた、医師アレン[1] Allen, F. における関係療法にも及んでいる。アレンはランクに学び、ロジャーズはアレンを通じてランクを学んだ面があるという。さらにアレンの影響は同じく関係療法と称して、現に生じている他人への関わりこそ新たな気づきの本質的な要件とみる人間性心理学者ムスタカス Moustakas, C. E. にも影響している。

(2) "解釈" を背負う "明確化"

ロジャーズが精神分析から何らかの影響を受けていることについて、人物史的にはランクとの関わりに見られるけれども、いっそう重視されるのは、クライアント中心療法そのものに精神分析を固有な仕方で受け継いだようにみえるところがあることである。

ロジャーズの治療法——とくに初期の方法——において「明確化」が重要なことは既述の通りである。明確化はクライアントの知的な言葉の背後に隠れてその言葉を押し出している感情に応じ、その意味を明らかにすることである。だが、その後このやり方では当過程をカウンセラーだけが知っていることになるのであり、「クライアントに対する尊重の微妙な欠如となる」[35] と自己批判される。

カウンセラーは「可能な限りクライアントの内部的な照合の枠組みを身につけ、クライアントが世界を眺めているようにそれを認知する」のである。〔クライアントと共に経験すること、クライアントの態度と共に動き、感情移入的同一化を果たし、クライアントの理解がカウンセラーの理解として果たされる〕ことがカウンセラーの機能とされた。

精神分析における「解釈」は、フロイト自身の定義で明らかだが、ラプランシュらは、〔患者の言葉と行動に潜在している意味を分析して治療を促すということであり、その防衛のありさまを明らかにし……無意識のさまざまの産物として表される欲望を探る」のであるという。それは、分析医が「患者自身の言葉の潜在的な意味に患者を近づかせようとして与えられる説明を意味する」[22]。しかしこれは、ロジャーズの感情移入的同一化に比べると、ロジャーズが慎重に避ける、治療者側の認識と意思が優越している。

しかしジェンドリンは「明確化」について、「クライアントが現在体験しつつあることの、感じられた、暗黙の意味・含蓄を明確に言葉で表現すること……」と定義づけた上で、精神分析の「解釈」は「何かある無意識的なものがまさに殻を破って出てこようと努めている瞬間に、それに名称を与えることで、それが意識的なものになるように援助を与えることを意味している」。つまり、「ある解釈が効果をもつために、その解釈が言及している内的な体験過程と患者が取り組めるように援助する」ことだという。こうしてジェンドリンは、「体験過程」を焦点にするなら「明確化」も「解釈」も本質的にはその変化・発展を促すものなのであって、互いに類似しているという[15]。

臨床心理学者ワイナー Weiner, I. は、ジェンドリンと異なる立場で「明確化」と「解釈」の関係を説いている。治療者の解釈を患者が受け入れるには、患者側の自覚のレベルとはたらきかけの順序への顧慮が必要である。質問、明確化、あいづち、直面化を経て解釈を与えるという段階を踏まなければ、治療は効果的に進まない。患者がそれらを受け入れるタイミングも考えるべきだという。(51) ワイナーは明確化に特別な重点をおかず、解釈とは区別すべきであると述べるけれども、それらは一連の治療手順の中に位置づけられるような関係をもつのであり、双方が厳しく分けられてはいない。

精神分析は無意識に抑圧された欲動を意識化するけれども、フロイトはそれが直接に行われることはなくて、必ず前意識のレベルを経てなされると述べている。(13) つまり、このレベルでの分析的解釈は（ジェンドリンに従って考えると）明確化に近いのである。

要するに、上記の解釈と明確化の違いは、治療者側がアプローチする患者の抱える問題の無意識のレベルの違いであり、その間に本質的な絶対の違いがあるとは言えないだろう。あえていえば、クライアント中心療法は前意識の状態を意識化することに力点をおいてはいるが、ロジャーズの治療活動の幅を思うとき、彼は精神分析を消化して新たな治療方式を創っていると言えよう。

2　心理学との関わり

(1) レヴィンの場理論との間

ロジャーズに対するレヴィン理論の影響は既に記したように間接的で、レヴィンの臨床心理学者全体への影響が間接的なのに準じる。だが、その理論はクライアント中心療法にすぐれて符合している。「行動を心理学的瞬間の場の関数としてとらえること、また、今の行動を因果関係でとらえるのではなく、現在が過去を収束するものとして、現在の場の条件発生的分析を重視することなどの考え方において合致する。

20世紀末に、レヴィンの継承についての論議がなされた。その論者の一人で夫婦葛藤の心理治療で知られるバーク Bach, G. は、レヴィンについて次のように述べている[4]。〔レヴィンの場理論は、人がどう行動するかは、与えられた時（心理学的瞬間）と所（関係）で、自分や周りをどう認知するかによって決まる面が多いと主張しているのだが、この考え方は、心に悩みを抱えた人がどう行動すべきかにも役立つのである〕と。これはロジャーズの言葉としてとりあげても違和感はない。

レヴィンはロジャーズに対して陰に陽に影響を与えている。しかし、レヴィンの「意志・要求‐緊張体系の解消‐行動」にみられるような、個々の場におけるエネルギー論がロジャーズには乏しい。後述するように、確かに人間の建設的な成長という理念や自己実現への意志は強調されるけれども、具体的な個々の行動を規定するエネルギーや力の概念はみつけにくい。

ちなみに、児童へのクライアント中心療法的な遊戯療法では、治るということに発達の力がからんでいるとみる立場がある。(23) これは当治療法においていわれる人格的な成長体験に生物的エネルギーの関与をみることである。そうであれば、クライアントが青年期の人である場合にも、この種のエネルギーの関与が多少とも想定されはしないか。

発達のエネルギーは、ロジャーズのいわゆる成長への志向とどうつながるだろうか。どこまでも治療の場の体験を重視し、因果関係を問わないという構えが、クライアントの生物・生理的条件とどうからむか、なお検討を要する課題であろう。

(2) 人間性心理学との間

マスロー Maslow, A. H.（1908–1970）はニューヨーク出身の心理学者である。彼は人間性心理学派（ムスタカスをはじめ、さまざまな立場の人々を含むグループ）の代表者である。ロジャーズとマスローの直接の交流は明らかでないが、ロジャーズをこの派に含める場合もある。彼らはそれぞれの著書の中で互いの名前を出してその成果を引用している。

マスローは、「私は（かつて彼自身も用いていた）〝心理療法〟とか〝患者〟という言葉が嫌いだ」と述べている。(24) 後半生においては、もっぱら健康な人たちを相手にしてカウンセリングを行った。* そこで見出したのは、自己の潜在的可能性を十全に発揮する〝自己実現〟である。「健康な人を選び出せば、その人の好むものは人類全部が好むようになるという事実を発見した」と述べている。患者の診断から神経質の心理学を人間心情一般の心理学とみる、性格類型学で有名な精神科医クレッチュマー Kretschmer, E. の考え方などと比べると、人間観の違いが明らかである。

＊「健康とはなにか」は厄介な問題だが、健康な人にカウンセリングがどう影響するか、必要なのかどうか、この問題はなお残されている。

マスローは自己実現が最高潮に達した状態を至高経験と呼ぶ。至高経験とはその人間の最高の状態、人生の最も至福な瞬間、恍惚、歓喜の経験の総括である。これが人生に関する最高の価値でありカウンセリングの最終目標である。至高経験はやがて人間の限界を超越し、完全な、神聖なものへと向かう。人が基本的欲求を満たし、自己実現に至ることで社会は善くなる。健康への積極的な意志、成長への衝動、これらは深く自己実現の欲求に関わっている高次欲求といえる。

多くの人たちは高次欲求を認識しないが、カウンセラーの仕事の一つはこれに気づかせて自己実現に向かう動きを助けることである。カウンセリングは無条件の好意の下に「ありのまま」の人間を見出し、「ありのまま」で在らせることである。真の愛情とは、ものごとそれ自体に喜びを見出すことである。これは道教的な見方である。

「ありのまま」の価値が認識され、存在価値が体験されて自己実現に至る。自己実現している人は不安に駆られたり安定感を欠くことがなく、孤独感や疎外感をもたず、落ち着き場所がないなどと感じることがない＊。以上の考えは、マスローの主張の中軸である。

＊ マスローの考えは、彼と前後して欧米で現れた多くの人間論と近縁の関係にあるようにみえる。例えば、第二次大戦直後からヨーロッパで実存分析家として名を現したフランクル[12] Frankl, V. E. の〝価値〟がある。彼は、人間は独自性と一回性を担うが、与えられた瞬間に人間はそれぞれ具体的使命をもち、それを果たし、満たすことで、超越的な価値を生むという。また、チクセントミハイ Csikszentmihalyi, M. の〝フロー〟[8]は、人のすべてがその中に没入し、内発的で、それ自体が目的であり、積極的・創造的活動につながる体験である。これらの説には、マスローの考えを写した／写されたようにみえる面があり、現代思潮の中でのいくらかの相互的な影響が想像できる。

健康への意志を強調するマスローと対照的に、不安をバネとして成長を促すのが、人間性心理学のもう一人の創始者とされているメイ May, R.（1909–1994）である。メイは、心理学が実験を重視した〝ねずみの科学〟であるべきでなく、〝人間の科学〟になるべきだと強調した人として知られている。

メイもマスローと同様に自己実現をとりあげる。だがそれは、人間が深く抱える不安を超克して達するものであり、不安を自己実現への重要な契機とみる。彼によれば、ある人は不安発生の状況に直面した場合、不安を認めながら、しかもその不安にもかかわらず前に進む。このように、不安に対して建設的に取り組むとき〝冒険〟の情が湧いてくる。人は自分の存在にも等しい〝価値〟の方が存在を脅かすものより強いと信じるなら、不安に屈服せずに立ち向かい前進するのである[25]。

ロジャーズがクライアント中心療法で目指す自由で建設的な人間像は、人間性心理学とくにマスローの理念と多くの共通点をもっているといえる。それは堀[19]が「生命の賛歌だけ……なら、この人間の……悲惨、平板化、病の存在をどう説明するのか」と批判するところである。

しかし、マスローが前面に押し出しているのは、人間あるいはクライアントの「もつべきもの」である。技法上の〝ありのまま〟についても、「〝ありのまま〟であれ」という倫理意識がかなり強い。そこには道徳教育的な目標設定がうかがえる。

他方、ロジャーズは、人間性と整合しつつも科学的であろうとする治療方法を示してきた。この点をみると、彼は人間観についてマスローから受け取ったものがあるとしても、自分なりに治療実践と結びつけていると言えよう。

第4節　人間観

1　自ら成長する人間

治療法とのむすびつきを前提にして治療者の人間観をとりあげることができるのは——まさに本書の主題は——ロジャーズにおいてこそ妥当する。ロジャーズでは、個人の自由と独自性を強調する心理療法が、社会・国家をあげての民主主義の高揚を背景に憚りなく実施され、その背景の思潮を人間観として方法の基礎に置いている。社会・文化的背景がロジャーズの人間観をすぐれて受け入れやすいものにしている。

状況の特質は、フロイトの場合と比べれば鮮明になる。フロイトは19世紀末より性の問題で、社会的にもアカデミズムの上でも激しい非難と抵抗に遭った。20世紀に入って地歩を得たが、やがてユダヤ人の治療法としてナチスに迫害された。激動し、混沌とした社会状況では、この治療方法に結びつく人間観を公にするのは難しかった。他方、ロジャーズは相互に整合性をもって関わり合う人間観、理論、方法、実践をフロイトのようなためらいなしに表すことができた。クライアント中心療法を学ぶ者は自ずと彼の人間観を受けとることになる。

ロジャーズの人間観はまずもって、人が自分のために自由に固有の価値や目標を選ぶのを許されるなら、その人は最も幸せになるということである。自己の潜在的な可能性が十分に発揮され、自己が十分に機能すること、つまり自己実現することで建設的人間として成長するが、それはやがて社会的にも成熟した人間に達する。こうして人間は、できるだけ自律的もしくは自己自身に責任をもつ方向を目指して成長していく。

クライアントは治療の場において脅威から解放され、完全に受容された雰囲気の中におかれるなら、固い自己体制を緩め、自己の経験の場をいっそう十分に探索するようになる。自分が見ている自分自身や他人や社会を、現実といっそうよく照合して妥当な判断を得るのである。こうして、一段と豊かな社会性をもつように成長し、建設的な行動をとれるようになる。人間観と治療理論の関連は明らかである。

クライアント中心療法の理論の中心は、人間における自己と経験の関わり合いである。すなわち、いろいろな経験の幾つかは象徴化されて——自己と関連して特徴的に意味づけられて——自己概念を形成してゆく。だが、象徴化の過程でその結びつきが無視されたり、それまでに構成された自己と矛盾するために拒否／否認されることも起こる。しかし、治療関係において、自己にとって安全で何も脅威を与えない条件があれば、矛盾する経験も受け入れ、同化し、包含するように修正される。つまり、これは自己の再構成／再体制化といえる。

次いで、人間観と技法のつながりをみよう。既述の技法の特徴の要点を再びあげると、ここでも双方の間の強い結びつきを認める。すなわち、

第一に、すぐれた〝共感的理解〟である。つまり、治療者はクライアントをクライアント自身が知るように——まさに、その自己認知をそのままに——認知する。

第二に、〝クライアントへの無条件の積極的肯定あるいは尊重〟である。来談者は、いかなるヒモもつけられず、どんな方向も選択できるということを完全に祈念するときにのみ、建設的行為を目指す個人の資質と可能性が実現する。

第三は、〝治療者の自己一致性あるいは純粋性〟である。つまり治療者が自分に素直でありのままであり、自分の考えや感情を自由に表し、言葉と感情が一致していることが重要である。

実際の心理療法の出発点では、治療者側の期待とクライアント側の期待の間にはギャップがある。治療者は傾聴に努め、クライアントをありのままに受容して、自ずからなる発展を支えようとする。

だが、クライアントは治療者が一体この場で何を意図し、何をしてくれるのか見当がつかない。場面構成にしたがって、漸次に何が起こっており、どう振る舞うかがわかってきて、両者が協働するようになる。そして、クライアントに思いがけない発想の転換――洞察――が生じる。

この素描を見れば、人間は自由の場において自らを建設的に発展するとみるロジャーズの人間観が、理論、技法、実践のそれぞれに対して、どのように関連しているかがわかる。人間観は、自分自身を開き受容していく自我の理論と結びつき、技法にもつながる。また、理論と技法も密接に関わる。要するに、ロジャーズその人の人間観が、すなわちクライアント中心療法の人間観であり、技法、実践の場にまで浸透して活きていると言える。

2　哲学との関わり

(1) プラグマティズムと共に

ロジャーズの心理療法の理念が、彼の生地であるアメリカのプラグマティズムに負うこともみなければならない。この思潮の代表者であり、20世紀アメリカ文化史[2]の中でもとりあげられる著名な哲学者デューイ Dewey, J.（1859–1952）について、ロジャーズは諸所で触れている。デューイについてはコロンビア大の学生であった頃から、学ぶところが多かったと言われている。この大学で彼は、デューイの弟子の教育学者キルパトリック Kilpatirick, W. を通じて、デューイの考え方に接したとのことである[26]。

デューイは「哲学の目的は人間的に可能な限りにおいて……（理念的・道徳的）葛藤を処理する器官になることである。哲学は実際的性格を想定しなければならない。哲学は操作的・実験的であらねばならない。……虚しい形而上学や役に立たない認識論から解放されるとき、哲学固有の領域がある……[10]」と述べ、プラグマティズムを鮮明に宣言している。

デューイはまずもって言う。「われわれはそれ（民主主義）に、あらゆる人がいかなる限界もおかない可能性、真に無限の可能性をもつ社会ということを付け加えておく[9]」と。次いで、彼は実際の経験の積み重ねによってのみ人間の進歩や善の実現が可能になると述べる。すなわち、「経験という事実こそ、経験自らを改良に導く過程を含んでいる[10]」と。

デューイは、イギリスの哲学――オッカム William of Ockham（1285?–1349）に発し、ベーコン Bacon, F.（1561–1626）、ヒューム Hume, D.（1711–1776）へと継がれた経験論――を引き継いだといえる。彼はベンサム Bentham, J.（1748–1832）の功利主義についても、一応批判しながらも高く評価している。さらに、デューイは、与えられた場における善こそが善だと述べる。そして、それはコミュニケーションのあり方にかかっている。「現在の行動の成長の結果としての善・満足・目的だけが、われわれの統御の中にある唯一の善（人間性と行為）」であり、「公共性とコミュニケーションに耐える能力が、そのいわゆる善がほんものであるか偽ものであるかを決める検証になる[10]」という。

デューイの上記のような文言は、まずもって、ロジャーズのクライアントの人格に対する無条件の尊重と、それによる最大限の可能性への信頼、ついで治療の場におけるあらゆる経験の受容、さらに「今・ここで」の経験に基づく成長の社会への最大の適応を説いていることとつき合わせられる。ロジャーズ自身も、児童への教育活動で、デューイ哲学の実践を意識して行ったと述べている。

だが、ロジャーズは、その哲学の本質を理解した上でではなく、主に印象的にとらえて自己の心理療法の動機にしたと解される。ロジャーズが大学で教わったキルパトリックは、デューイの哲学を大衆化した（どう大衆化したかは知りえないが）講義で名を売っていたとのことである。[26] ちなみに、キルパトリックは、ロジャーズとは著しく心理治療的立場の異なるモレノにも親しまれている。* 実際、ロジャーズはデューイを学んだと言いながらも、デューイがプラグマティズムに関して全幅の敬意を払う心理学者かつ哲学者のジェームズ James, W. の講義には全く興味を示さなかったのである。[26]

* キルパトリックは、モレノが〔ソーンダイク（著名な学習心理学者）が誉めた以上に私を誉めた〕と記している著名人の一人であった。

つまり、ここでは、プラグマティズムの哲学とクライアント中心療法の理論の直接的な連関の有無より、そのような掘り下げをするまでもなく、デューイの思想を実際に活かそうとしたロジャーズのあり方に注目したい。デューイをロジャーズなりに受け止め、しかもデューイを奉じているとする彼自身の思いによる心理治療活動が重要なのである。裏返せば、デューイの哲学はそうした活動の芽を含んでいるとみることもできる。

以上のような意味でロジャーズとプラグマティズムの哲学の関わりに注意すべきである。なお、それに付言するなら、この哲学は伝統のないアメリカ固有の特異な性格だけをもつわけではない。その素地をなす思想は、いくらかアリストテレスともつながるものをもつようにみえる。こうしたつながりは、ロジャーズと親近性をもつマスローが示唆するところである。

マスローは「健康な人の好むものは人類全部が好むものである」として、それにちなんで、アリストテレスの、「優れた人が考えることは善であり、それこそ本当の善といえる」という言葉を引用している[24]。そこでは、健康と優秀と善が同じような意味でとりあげられており、すぐれて現世的／実用的である。アリストテレスの、「人生における美しく、善きことも、しかるべき仕方で実際に行為する人たちが達成するのであり、また、そのような人たちの人生はそれ自体で快いものである[3]」という文言を想起させる。

(2) 〝現象学的〟ということ——ある疑問点

ロジャーズの治療法は精神分析の影響を受けている面をもつけれども、それは過去の遺産を負うことにほかならない。彼の新しい理念には、彼と共に発展した時代思潮——20世紀の中葉を彩る思想——から受け取ったものがある。その一つは人間性心理学であるが、もう一つは現象学である。

ロジャーズは「来談者中心療法におけるわれわれの経験や研究と首尾一貫している、人格性と行動に関する理論……は、基本的に現象学的な特質をもっている」と述べる[35]。治療者自身が現象学をとりあげたという点は、フロイトの治療活動に対する現存在分析論のような、第三者による解説とは明らかな違いがある。現存在分析学者では治療と哲学との関わりを外部からとらえているが、ロジャーズでは当人が哲学との関わりを認めているのであり、その治療学への影響として一つの検討課題になる。

ロジャーズはクライアント中心療法の背後にあるものとして〝現象学的〟世界、そしてまた〝実存〟といった語を、自著のところどころで記している。その半面で「哲学には期待を寄せない」と言いつつもである。ロジャーズの理論と実践はそれ自体で完結しており、敢えて哲学を求める必要を感じさせない。それにもかかわらず、現象学を口にするのはなぜだろうか。ヨーロッパで興った哲学である現象学は、生粋のアメリカ人のロジャーズの人間観と治療法にどのような関連をもつのだろうか。

ロジャーズにおける現象学なる用語に対しては、心理臨床家の間に異なる反応を認める。大方の傾向としては、ロジャーズ自身がその心理臨床の仕事を現象学に結びつけているのだからということで、とくに詮索せずにそのまま受け止めている。

だが、他方では、ロジャーズが現象学をよく理解せずにこの語を用いているという批判がある。ロジャーズが1987年にその生涯を終えた直後にわが国で出された多数の追悼文（そのほとんどはロジャーズへの讃辞だった）の一つで、堀は、ロジャーズにおいては「現象学が単なる主観主義・認知論になり下がってしまう……（現象学では）人間存在根源の深さが問題……」なのだが、そこまでの意識がないと述べている。[19] つまり、単なる経験の学を現象学に言い換えただけだという。この批判は妥当だろうか。ロジャーズが自分の理論の基盤に哲学的現象学の考え方が影響を及ぼしていると言っている以上、[38] 彼の人間観に無関係と言えるかどうか。

この疑問の検討は読者にまかされる。以下の考察はその中の一つであり、一つの問題提起である。まず堀の批判にからめて、この問題への結論を先に出すと、この批判は部分的には当たっているが、また外れているところがある。ロジャーズが「現象学的」として理解したカウンセリングにおける現象は二つの種類をになっている。すなわち——

一つは、人間性心理学の観方に沿ってとらえられた、変性意識的共感とでも言えるような、特有の心理的体験を「現象学的」と称している向きがある。この点は不適当である。しかし……

二つに、通例のクライアント中心療法の中に潜み、ロジャーズもそれを現象学的には十分にとらえていないが、本質的に現象学の視点で理解できるはたらきがある。この点をとりあげるなら、彼の治療活動は「現象学的」である。

まず、一つ目の点について考察してみよう。堀は、ロジャーズの理論は単に主観主義でしかないから現象学と言うに当たらないと批判したが、それはハイデガーの現存在論の立場からロジャーズを批判している。

ロジャーズは確かに経験を強調する。彼は「個人はすべて自己自身がその中心であるところの、絶え間なく変化する経験の世界に生きている。この私的世界は現象の場とか経験の場とか呼ばれる」と記している。そして、「われわれは現象学的見地から次のように精神療法を定義することができよう。すなわち、それによって個人が現象的自我とその外部的事実との関係をよりいっそう適切に分化できるようにするところの経験を用意することである……」。また、「人格性と行動についての理論は、基本的に現象学的特性をもち、……人格性の発達の終局的目的をば、経験の現象的場と自我についての概念的構造との間の基本的調和……[35]」を目指すとしている。

つまり、ここでは現象的場と経験の場はほとんど同義である。ロジャーズの言う現象的自我とは、経験するその人自身の一部または全部を指しており、そのように理解する立場を現象学的見地と称している。

ロジャーズのこの「現象学的」なる語は哲学からとったものであろうか。しかし、何人かの哲学者が自らの学を現象学と称していて、それぞれに意味が異なる。それぞれの現象学を解説するのは筆者には及ぶべくもないが、以下のように、要点に触れた片言を並べただけでも相違が明らかである。ロジャーズはどこからこの用語を取り入れたのだろうか。

現象学という語は20世紀の哲学用語に限られない。ヘーゲル Hegel, G.（1770–1831）は『精神現象学』なる大著を出しており、それは下位の意識から上位の精神への発展が弁証法的（円環的）論理に従って現れる姿を描いている。例えば、意識の在りようは意識自体によってはとらえられない。

意識することで意識は変容して、より高い段階で統合的に把握するものなしには意識しえない。その統合的なものも意識を拠りどころとする意識で、しかも意識を否定するようにしてはたらく。(17)*

* 日本へのモレノのサイコドラマの導入者の一人である松村は、治療集団においては個と個、個と集団の「関係発展に必要な条件が、関係自体に用意されていること（心理劇）」を強調し、自らの立場を「関係弁証法」と称している。ヘーゲルから借用の意味での現象学も、心理療法にまったく無関係というわけではない。

しかし、フッサールでは、「人の知覚は一方で客体と関係し、他方ではその人の心理的はたらきに基づくという、通常の見方が問題にされる。自然に人があるものを見ているようには見ないように（判断を中止）して、根源的・本質的なものを直観すべきだ」とする。これを現象学的還元という。(14)それによって理性ではとらえられぬ世界と生があらわになる。

他方、ハイデガーは（その哲学のわかりやすい解説者であるスタイナー(46) Steiner, G. もどきにいえば）、「何であるか？人間とは」と問いかける。この場合とくに「〝ある〟か」が、つまり、人間にとっては人間の存在が問題なのである。人間存在を彼は現存在と称する。「他のもろもろの存在もすべて現存在との関わりにおいて存在する。存在するものはそれ自らにおいて自己を示す、しかし「在る」ところのものとしてでなくて「〜のように」現す——これを現象という。現象は自分で自分をあらわにする。かような現象に関するロゴスが現象学なのである」(18)という。

「現象学」と言われるものの内容は、枢要な二、三の哲学者の考えにいささか触れるだけでも、これだけの違いがある。ロジャーズが現象学とか現象学的という場合、誰の、どこから借りた、どういう現象学なのかの定義をしていない。堀は、ハイデガーの現象学を念頭にロジャーズの「現象学」を批判するけれども、ロジャーズ本人の語義が不鮮明である。この状況ではたとえハイデガーの現象学と異なるとしても違いを指摘するだけでなく、ロジャーズの用語が本来いかなる特性をもつかについても触れるべきだろう。

同様な事情は、ロジャーズの実存や超越という語についても生じる。彼は「ある実存哲学のなかに、この理論（クライアント中心療法の理論）を位置づけるための基盤が見出され、それが発展しつづけていくだろうという気がする」……「われわれの科学体系の中心と基盤をなす実存的・主体的人間に、より大きな広場を提供するような観点があるのではないか[38]」と述べる。ここでいう実存とは何を意味しているのだろうか。

実存は、広義には、論理実証主義に反対して主体的存在としての人間を強調する立場を指す。確かにロジャーズはクライアントの主体性を尊重するから、広義にとる場合はよいとしても、「実存哲学」を引き合いに出すのはいかがなものか。この語はまず、ヤスパースのそれ（実存哲学）を想起させる。〔現実において、現実認識を超えるような認識、つまりそれを突き抜けて現実を現実たらしめる包括者へと飛躍するような実存がある[20]〕とヤスパースは言う。このとらえ方に従うと、神にまで触れ、やがては中世のスコラ哲学との関連まで問うシュタイン Stein, E. のような後継者も現れるのである[45]。同じ「実存」をとりあげながらも、この立場と対照的なのがサルトル Sartre, J.P. である。「人間を超える本性はなく……神は存在せず、人間は自らがつくったものになり、神のイデアに先立って存在する実存である[42]」とサルトルは語る。

他方、ハイデガーは、「人間は存在しながらその存在に対してこれこれの態度をもつことができる。存在こそが人間を含むすべての存在者を超える。こうした態度をとらせる存在そのものを実存という[18]」と述べる。ハイデガーは現象学的存在論の一環として実存をとらえている。彼はまた、存在と経験の間のズレを認め、「実存している自分が自分であることは、体験の多様を通じて持続している自我同一性とは、存在論的には一つの深淵によって隔てられている」と言う。このような「実存」と「経験」の違いの指摘は、ロジャーズの実存の意味におけるヨーロッパ哲学との違いを示している。

ロジャーズはメイとの親交を通じて19世紀初頭の哲学者キェルケゴール Kierkegaard, S. を学び、実存について伝えられたと推定できる。だが、メイの「実存」はどれだけ本来の意味を妥当な形で伝えたか。メイはキェルケゴールを〝実存主義者〟と称して、さかんに自著『不安の人間学[25]』に引用している。両者が共に「不安」をとりあげた点は類似するが、メイはキェルケゴールの神学的意味をはらむ「実存*」を必ずしもそのまま受け取っておらず、臨床心理学的解釈が前面に出ている。つまり、このことは、ロジャーズの実存もそれなりの意味で受け取らねばならないことを示す。

＊ キェルケゴールの不安はキリスト教の教義学と深く結びついている。[21] キェルケゴールにとっての不安は、原罪を犯し、エデンの園を追われて、ありのままの姿でいられなくなったすべての人間の人間として生きる実存の不可避の不安である。彼においては自己を超える自己の在りようとして実存が示される。

ロジャーズのいう「実存」は、他者との深い相互理解を指している。エンカウンター・グループと称するさまざまな形の集中的グループ経験は、あるメンバーが他のメンバーとの間に感情を基盤にしていっそう直接的な関係を結ぶ（基本的な出会いの状態に入る）ようになるという特性をもつ。[44] とくに、ロジャーズのベーシック・エンカウンター・グループの経験においては、グループの受容的な雰囲気に支えられて、メンバーはかつてないほどに他者を身近に感じ、自発的に他者の苦悩を援助し、治療的に処理する能力を発揮する。＊ そこには実存があるとされるが、同時に、一種の変性意識体験が指摘されている。

＊ ベーシック・エンカウンター・グループは複数の特性をもつ。一つはクライアントに比較的健康な人を集めていることもあって、個人の成長体験を焦点として客観視しうる社会・文化的方向づけや平均化／同調性などの傾向が現れること、二つはメンバー間相互作用の中で変性意識体験が現れることである。これら二つの相が交差して、ときに集団的なショックや感情高揚にまで至る場合もある。このグループはロジャーズ自身にそれまでの個人療法の場とは別の経験と人間観を与えたと想像される。ちなみにロジャーズがエンカウンター・グループに移行した一つの契機は、統合失調症患者へのクライアント中心療法の挫折にあったと[40]一部で伝えられている。

ロジャーズの人間観は人間の積極的・建設的な成長であり、これはマスローの人間観に近い。マスローは、ものごとに没頭し、魅せられ、熱中することから生じる自己没却に似たものを「超越」と名づけたが、[24]もしこうしたある種の変性意識体験が「超越」であるなら、ロジャーズのエンカウンター・グループでかかる態度をとる人間の生き方は「実存」的で、しかも「超越」的ということになる。

だが他方、ハイデガーは、「私たち自身はとりわけ、自らをも問うという存在の仕方をもつことができる。それはいつもそうなのであり、こうした存在そのものを私たちは（人間存在）現存在という術語で表す」と述べている。この現存在における自らの存在をも「問う」というのは超越性を示す。けれどもそれは人間の存在そのものについての考察であって、心理的体験と同じカテゴリーに入れるわけにはいかない。つまり、超越の意味の取り方も、マスロー、ロジャーズの場合とハイデガーの場合では異なる。

また、ロジャーズは「基本的な出会いの状態」という関係を、ユダヤ人宗教学者ブーバー[7] Buber, M. の用語を引いて「我と汝」の関係としている。そして、このように人生を存分に生きることは実存主義と相似であると述べる。つまり、ロジャーズの言う「実存」とは、他者とインテンシブに交流して通常の体験を超えて自己実現へと向かう、独自な体験にみえる。

この体験は「超越」と呼ぶよりも、むしろ自我を解放して他者に深く共感するという意味で「変性意識的共感」とでも仮称できるものであるが、哲学でいう「現象学的」なものではない。ゆえに、この文脈でみる限り、「現象学」のロジャーズ理論への影響は、彼がみるような根源的なものとしてはとらえられない。

(3) 自己受容と超越

ロジャーズが「現象学的」として自分の治療について語るときの意味に関して、元来の語義を追うことは一つの検討の仕方であろう。その帰結は元来のヨーロッパでの語義とは異なるアメリカ型の用語に変容していることであった。

だが他方、ロジャーズがあえて現象学という語をとりあげたのはなぜかを考えるとき、彼の心理治療の実践の中のどこかに、彼自身は十分に明らかにしていないとしても、本来の現象学の視点でとらえられる面がありはしないかという疑念が生じる。この点の検討がロジャーズの「現象学」論議に対する二つ目の課題である。

クライアント中心療法における既述の事例（劣等感をのり越えた学生）に見たのは、拒否された経験が意識に上ることを許され、短所・長所共に自己の一部として受け入れられるようになると、自己観が変わって、自己が再体制化されたことである。だが、それが「なぜ」生じるかの論議は、ロジャーズは慎重に避けた。以下では、「なぜ」拒否していた感情を自分のものと認めることができるかを敢えてとりあげる。

ただし以下においてはむしろ、自己への否定感情ではなくて肯定感情あるいは他者への攻撃や責任転嫁が先立ち、後から否定感情や自己反省が生じるような場合に注目する。双方の場合があるが、後者が状況の問題性をより明らかにするからである。

（i）クライアントが、自己をプラスに評価する経験（「シロ」と仮称）を述べ、次いで自己のマイナスに評価する経験（「クロ」と仮称）を語ったとする。（ii）カウンセラーはクライアントに向かって、まず「シロ」を聴きとったこと、次いで「クロ」を聴いたことを述べ、間違いなく傾聴したことを表す。この受容の発言は、カウンセラーがクライアントから受け取ったことを言い表すことだが、つまりは同時に「今・ここに」在るクライアントをクライアントへ伝え返すことになる。するとやがて、（iii）クライアントは、「シロ」も「クロ」も自分であること、あるいは自分は「シロ」でも「クロ」でもあることを認知するようになる。ロジャーズの論旨を形式的にたどると、そうした展開になる。

しかし、iiとiiiは別の文脈に属していて、必然的につながるわけではない。カウンセラーはクライアントの認知に沿って発言し、それによってクライアントは自分自身をカウンセラーから伝えられる。だが、そのこと自体はそれぞれの文言をつなげて並べるだけである。それだけからは（「クロ」も「シロ」も自分であるという）統合的自己理解は出てこない。この点はある種のクライアント（例えば、一部の非行少年）において、しばしば自己のマイナス面「クロ」に直面した途端に受容することを拒否し、逃避し、沈黙し、はぐらかし、カウンセラーとのコミュニケーションが切れてしまいかねないことで確かめられる。

事態の進行には、併せてクライアント側の何らかのはたらきがあるといわねばならない。「クロ」の自分が自分に投げ返された際、実際には不快も伴うかもしれないこの場がしっかり受け止められ、自己のものとされるのは、まさしくクライアントの自己自身による自己展開／自己拡大である。しかし、これはクライアントにとっては厳しい状況である。クライアントは自己にまともに対面する状況に曝《さら》され、対決することになる。クライアントの問題を治療者が指摘し、批判し、忠告すれば、責任の半ばは対応者に委ねられる。そうしたアドバイスなしに、自分の在りようを何も加工のない、ありのままで受け入れるのはまさにその場を生々しく生きることになる。

クライアントが不安とか恐怖の事態に面と向かい――その人がその事態に、敢えてみずから積極的に参加し――恐怖をしっかり受け止めるとする。それは、襲ってくる事態に対して自分の側からその恐怖に挑戦することであろう。そうしたはたらきは、その人によるその事態の統御につながるばかりでなく、同時に自分自身をも超える在りようである。

むろん、これは心理学的に把握できる事態であるし、それとして済ますことはできる。だが、これは同時に、人間の基本的な在りようと無関係ではない。ハイデガーは「存在とは何か」と問われるとき、「私たちは……存在するものを……ある規定されたものとして受けとること、しかもまた、存在そのものが存在する者およびその規定性を超えるということの意味で「超越」なる語を用いる」と言う。上の例では、クライアントがクロとシロの双方を受容するに至るのだが、まさにそのことがもろもろの規定を「超越」する根源的な現存在のありようを示唆している。

要するに、この療法におけるクライアントの動きは現存在の一つの現れとしてとらえられる。ただし、その現れは、ある心理特性の活用的な表現——意志薄弱性は被暗示的にもなり、協調的にもなるというようなこと——ではなく、人間の本質的な在りようが、こうした受容をあえて可能にするということである。ここでは、当の現象が「いかに」して生じるかではなく、「なぜ」生じるかの問いに応じるのである。

むろん「いかに」と「なぜ」がどうつながるかは、なお十分に明らかにされてはいない。心理的な動きの基底に本質的な存在の仕方がうかがえても、それだけではいぜん不鮮明な点がのこる。しかし現段階では生起している心理面を一層詳しく検討すべきだろう。

心理的な面、つまり、クライアントの恐怖や不安が甚だ大きいと／甚だ大きいと感じると、基本の在りようが示唆されない。そしてこれが示唆されるかどうかはクライアントの構えのみでなくクライアント‐治療者双方の関わり合いにかかっている。言い換えれば、クライアントの超越と共に、治療者‐クライアントの関係もこれまでの関係を超越するだろう。新たな関わりはクライアントによって学習されるのみならず、治療者によっても学習されるのである。

あらためて顧みると、この「超越」に密に関わるクライアントの自己自身の「受容」は、クライアント中心療法でごく普通に行われているはたらきである。通例表れる現象が「超越」を示すなら、ロジャーズがクライアント中心療法の理論的基礎を現象学に求めたのは妥当性をもつと言わねばならない。それは特別な現象として治療者の注意をその度ごとに引くことはないかも知れないけれども、治療の発展にとってすぐれて重要な過程である。しかもこの発展は、健常者と呼ばれる普通の社会人が生活の中の障壁や困難を自らのり超えてゆく際の、いわば自己治療的はたらきでもあるといえる。

上記の事情は、ロジャーズの人間観を考える上で、なぜ現象学が要るのかということへの答えになる。まず言えることは、ロジャーズは自分の心理療法でとりあげるクライアントの在りようを、人間一般の在り方の一つとして位置づけたかったのだろう。そしてロジャーズが現象学を学んでいたとすれば、それがいずれの現象学に由るにせよ、人間は本来、自分自身を問う存在であると哲学が示す原点から、自分の生をみずから省察する心理的な体験への道程は、知的に追求されたというよりも、いわばある種の文化感応としてロジャーズに伝わり、受け止められていただろう。

しかし、これは人間が自己の存在を顧みた際に担わなければならない心理的な厳しさを意味している。ロジャーズが自身について、その思慮深い、穏やかな面だけでなく、厳しい面も知ってほしいともらしていたことを想起する。彼は自分のことを含めて、彼の描く人間観にそうした面を求めていたのではないだろうか

3　宗教との関わり

(1) プロテスタンティズムについて

ロジャーズは、家庭で受けた厳格なプロテスタンティズムの宗教教育に反発し、生涯にわたって宗教には無縁だと語っていたが、晩年にスピリチュアリティを強調したことには、宗教的なものが感じとれる。それは、彼の若い時代に根ざしたプロテスタンティズムが後年目覚めたのではないかとも想像されている。だが、その間の事情はわかりにくく、プロテスタンティズムのどの面がそうした態度を培い、あるいは関わったか確かめられない。したがって、外部からみてロジャーズの思考や活動が関係するとみられるプロテスタンティズムの断片的諸事項をとりあげて、その影響を推測することになる。

ここではとくに、ロジャーズが重視する「自我」をめぐって、プロテスタンティズムとの親和性に注目した。ロジャーズ自身が影響を受けたというデューイは、宗教界の進歩的な人たちとの関わりをもっていた。日常行動にも福音を認めて、神は人と共に働くと唱えた[27]、当時の気鋭のプロテスタントの牧師ニーバー* Niebuhr, R.（1892–1971）は、デューイのプラグマティズムを強く擁護している[28]。ニーバーは「自我」を尊重して、「……自我は理性の主人であって、その召使ではない」と述べる。

＊　ニーバーは信仰が現実社会で活きるという主張をもって労働組合運動にも関わっていたという。

また、デューイは18～19世紀最高のプロテスタント神学者とされるシュライエルマッヒャーSchleiermacher, F.（1768-1834）にも注目するが、この学者は主観主義的信仰の唱導者である。彼は「私は内なる自己の上に眼を転ずるたびごとに、同時に永遠の世界にいるのである[43]」と述べる。

ロジャーズにとって、自我あるいは自己は諸体験を統合するものであり、その変容／成長は治療過程の核心だった。そして、晩年の「人間になる」という主張は〝真の自分〟に到達することであり、自己をありのままに受け入れて解放すると共に、他者／社会をも受け入れ、自己を世界へ向かって開く。諸富がロジャーズにからめていう「人は関係の中で自分になる[26]」というのも、周囲との広い関わり合いを志向する自己を表すことに他ならない。こうした考え方はプロテスタンティズムとの間で有意味な連関をもっており、プロテスタンティズムは直接にロジャーズに影響を与えたと言うより、文化的風土として彼の思想を育てたと考えることができよう。

(2)「スピリチュアリティ」について

クライアントへの献身的な共感とそれに伴う自己没却の状態は、「超越」としてその語源を哲学（現象学）に求めるよりは、むしろ神秘的・宗教的体験に属させることが妥当だろう。晩年のロジャーズはクライアント中心療法の治療関係において、このようなスピリチュアリティ（霊性）を認めており、後継者の中には、この体験こそがクライアントの人格転換にとって重要であるとする人々が現れている。

スピリチュアリティの心理的面は一種の変性意識体験である。この心理状態については、既に祓魔術や磁気術の時代から、術者と被術者の間の独得の関係の中で注目されていた。現今の心理療法においても、心が心を「支える／支えられる」という過程は第三者には神秘性を感じさせることから、治療関係のはらむスピリチュアリティは、どの時代の療法にもついてまわっていると言える。とくに、クライアント中心療法では、その際立った特徴――ひたすらクライアントの自己実現を支える非治療的治療性――にそれを見出す。

しかし、垂谷[48]の述べるように、「変性意識状態は固定的な世界観や自我を絶対的に否定することで「世界」の背後に限りなく迫り、併せて限りなく開かせる。したがって、この超越は常に否定的側面を伴っている。オウム真理教の犯罪に見られるように、あらゆる外的条件を閉め出して、他者の痛みを感じないほどの独善や自閉に籠る恐れが同時に存在する」。しかしこの叙述には変性意識状態が生じる場の条件や関係に触れていない。心理療法の場におけるスピリチュアリティが積極的な世界への開けを志向するか否かは、クライアントの自我の在りようと治療者との関係のもち方にかかっていると言えよう。

ロジャーズにおけるスピリチュアリティについては、クライアント相互ならびにカウンセラーとの特殊な関係が、とらわれのない開かれた世界の中へと自己を出立させる動機になっている。そしてその世界は科学と文脈を分かちもつ日常の世界である。

この関係は、ロジャーズにとって突如出現したのではなく、治療法の科学性を求める期待との長い葛藤の末であると言える。つまり、この関係が閉じられずに開かれたものになった要因の一つは、社会的に共通して是認されるような彼の科学する心にあったとみられる。

１９４０年代初頭――クライアント中心療法の適用性について言及していた時代――からエンカウンターを進める時代への道は、科学的志向と人間への信頼が混じり合い、せめぎ合いながら進んでいった。

１９５９年の個人療法を主にした時代の論文「十分に機能する人間についての理論[38]」において、「相互に肯定的な配慮をもち合うことは、お互いに報い合うという特徴をもっているから、彼は他人と共に最大の調和をもって生活することができる」ということを示す一方、それに先立つ１９５５年発表の「人間か科学か：一つの哲学的疑問[37]」では、「操作的に定義可能な条件が治療者……に存在するなら……人間関係のダイナミックスについてのある試案的法則を公式化することができる」と述べている。併せて「（治療）関係に自己を賭け、その関係に没入する……この反応は自分の全有機体的感覚に基づいている」と述べながらである。こうしたジグザグの末に、当時の彼は、治療のより深い理解は「関係を生きることから生じるか、科学の法則に拠ってそれを観察することから生じるか、この二つの型の経験の間の自己自身の中における伝達交流から生じるであろう」と結んでいる。

クライアント中心療法の実践や研究を代表するのは、ロジャーズが治療過程の設定や、それに応じるクライアントの自己適応の度合いを測るQテクニックを軸として測定的な実証に努めた1950年代の最盛期（シカゴ大学時代の壮年期）にあったと一般にみられている。このように顧みてもトランス・パーソナルな経験の尊重に至る道程には、科学的志向との間の深い内面の葛藤があったことがうかがえる。

(3) 「出会い」について

治療者と被治療者の関連は特有の「出会い」の体験としてとらえることができる。西欧においてとくに「出会い」を強調したのは宗教学者のブーバー Buber, M.(7) であろう。ブーバーによると、「私が汝と出会うのは、汝が私に向かい寄ってくるからである。だが汝との直接的な関係の中へ歩み入るのは私の行為である。このように関係とは選ばれることであると同時に選ぶことであり、受動であると同時に能動である」。また、「我それ自体というものは存在しない、存在するのはただ根源語『我-汝』における我と、根源語『我-それ』における我だけである。……『我-汝』は関係の世界をうちたてる。……私が汝に〈出会う〉のは恩寵によってである」。ここでいう『汝』とは、愛する人が「彼女の眼に輝き出る汝を通して、永遠の汝の光の一筋を見る」というような「汝」であり、「出会い」の出現は神を背景にしている。

ブーバーの「出会い」はさまざまな心理療法家によって受け継がれている。人間性心理学者のトリューブ Trüb, H. は、面と向かって座っているこの人間は一体誰なのかと自問し、「私はあなたをこの時間に取り扱うのではない……（「我と汝」が関わり合う）認識がわれわれの間に現れてくることが重要なのだ」[49]と述べる。また、孤独における愛の意味を説くムスタカスもその「関係療法」の中でブーバーを引用している。モレノは彼のいわゆる「テレ」について「……僕は君の眼で君を眺め、君は僕を僕の眼で眺めるのだ……」と述べ、「出会い」に役割交換のニュアンスを付けている。モレノはブーバーと同人誌の関係で知り合っているが、「出会い」の理念を掲げたのはブーバーよりむしろ自分であるという。

ロジャーズの指導を受けたジェンドリンは無反応な慢性の統合失調症患者を前に型通りのクライアント中心療法のアプローチを超えて、無言で立ちつづけ、「私はあなたと一緒にここに立ちたいのです。あなたが立ち退けと言われるなら立ち去りましょう[15]」と患者との間の体験過程そのものに関わろうとした。しかし、ロジャーズのエンカウンターにおいて「出会い」の神秘性はより高まる。

諸々の心理療法家は治療の場での治療者-被治療者の関わりとその場における特有な体験からスピリチュアリティを示唆した。しかし、人智を超える神秘性は、むしろ治療者-クライアント関係の成立以前のこととして、その関係全体がどうしてその場にもたらされたかにある。この状況は、ブーバーは神のもたらすものを示唆するが、われわれにとってこれを表す語句としては茶道でいう「一期一会」を想起することができよう。

ふつうこの語句は、縁《えにし》に力点をおいた二つの意義を示す。一つは、「路地に入るより出るまで、一期に一度の会のように客主を敬畏すべし」である。一生の間にただ一度の「出会い」があり、それは一瞬のことで、前もって予測しえない敬虔さをもつことを意味している。二つは、「たとえ同じ主・客が幾度会合しても、今日の会は二度と繰り返されない」ということである。今のその会は参加者にとってとくに深い意味をもち、それを契機として当事者の人生行路さえ大きく変わりうるのである。

双方の意味は無関係ではない。ただ一度であるからこそ「出会い」に参加した当事者はその場を真に大切にし、あらん限りの学びをなし、価値を引き出す独自の体験をする。だが、会うということは偶然であっても、そうした展開のためには「出会い」以前に十分なレディネスをもってその経験に加わることが不可欠である。(50) 何度か会っていたその中の一回が大きな意味をもつとしても、他の会合が無駄ということではない。それらの会合で徐々にレディネスが形作られていたであろう。それゆえ、一生に一度の出会いに得るところがあるとすると、それ以前のさまざまな経験でこうした準備ができていたからこそ生じたことなのである。したがって、「出会い」は一生の間における、可能性と偶然の触れ合いであり、期待を孕みながら、しかもいつ・どこで・どのように生じるか／生じないか、わからない不思議さをもつ。

第5節　ロジャーズとその時代――アメリカの世紀

１９１０年代～１９６０年代はアメリカがその経済力と軍事力の圧倒的な優越性から、まさに「アメリカの世紀」であると自負した時代であった。進歩、発展、創造……あらゆることでの世界第一位……そうした高揚した言葉が振り回され、アメリカ国民もそれにのっていった。おしなべての上昇志向、顕示性、すべての可能性の追求が心理療法の世界にまで影響を及ぼさなかったとは言えないだろう。

ロジャーズが人間の独自の可能性を唱えたのも、世界の覇者としてのアメリカが第二次大戦に勝利して限りなく前進してゆくようにみえた時代（20世紀中葉）なのである。その裏には、繁栄から取り残された大勢の人たちがおり、心の救済を求めたような陰の面があったとしてもである。

アメリカ史を顧みると、イギリスからの移民がメイフラワー号でボストンに上陸して以来、アメリカ社会にはエリート層としてのＷＡＳＰが存在しており、土着の人はむろんのこと、プロテスタント以外の諸宗教、諸他の国々からの移民では獲得できない地位を占めてきた。20世紀の半ばを過ぎても、アメリカは基本的には差別を解消できていない国であった。

アメリカのＷＡＳＰ層は、常に白分たちが正義であるとする点は不変であるが、二様の態度をもっている。一つは、他国民や他民族や移民をアメリカ的民主主義に同化させ、この人たちがそれに貢献するように「教育」することであり、二つは、自分たちが周囲の人々のことを理解せず気くばりしないことに気づき、むしろ自分たちの方から彼らのことを知識と体験の両面で学んでよく「理解」せねばならないとする。後者の構えはロジャーズの人間観にも取り入れられている。この二つは振り子のように揺れ動き、時代によって前者が優越したり後者がのびたり、その他さまざまな現れ方をしている。

ロジャーズがWASPの出であることのプラス面があるだろう。アメリカにおける臨床心理学者、精神科医にはユダヤ系アメリカ人がはなはだ多数を占めている。しかし、既述のように、彼らの中での競争は苛烈であり、彼らがアメリカ社会で上層階級として生き抜くには多くの苦労がある。この情況においてWASPでありながら臨床心理学者であるロジャーズが優位に立ちえたことは推測できることである。WASPであることによってあえて人種的競争意識をもつ必要もなく、自然態で諸種の治療法に接近し、消化して、自然に自由な自己実現が可能だったとも言える。その点に彼は多分気づいていただろうし、晩年に平和運動に関心を寄せたのも、自分をアメリカにとどまらずいっそう広い世界に関わらせる意味をもっていたと想像される。

ロジャーズが非医師であったのは、精神科医療との関係からすると負の面であろう。実際、統合失調症患者へのクライアント中心療法的アプローチの不十分さ（あるいは挫折？）は[40]、疾病への知識の乏しさと医療の場での臨床心理士の立場の課題を表すものでもあったと思う。このことは非医師の分析家であるランクを受け継いだ者として、ランクの悩みもまた受け継ぐことになったと言えよう。しかし、非医師であることは従来の医師–患者関係にとらわれない新たな自由な人間的治療関係もつくり出している。

だが、そのことについては他方で問題点も指摘されている。クライアント中心療法は多数の心理臨床の実践家に受け入れられたが、それはやがて単なる受動的な聞き役や患者の言葉を鸚鵡《おうむ》返しするだけのカウンセラーが現れるまでに俗化した。この俗化は民衆への貢献と表裏の関係にある。

アメリカ社会では、独自の活動もひとたび受け入れられると、社会・文化全体の中で一般化されて民衆一人一人にその利益が還元される。特異な創意もその源がどこの誰に、どんな形で発したものであれ許容され、結果的に社会の利益になれば肯定される。自動車王フォード、大型コンピュータ第一号の作成者モークリーとエッカート、ナイロンの発見者カローザスなど、業種が違いそれぞれの性格と人生が著しく異なっていても、いずれも社会／文化の発展の動因になった人たちだが、また、その動因をシステム化する受け皿がそなわっていて事業として拡張されている。こうして発見者や創始者の名は忘れられても、誰もが関われる生産システムは生き残っていく。

個人の側から見ると、受け皿の環境がどうであれ、ある時期の自我形成の場になりうるとの立場もアメリカ的なものである。環境の変化もまた自己の成長の機会の面をもつととらえるなら、頻回転職もマイナスとはみられない。職場からの解雇や失職、没落さえも自分の成長のステップにすること、つまり自分こそが自分の幸福な生活を切り開く主体として受け止めるべきとされる。この積極的・楽観的な人物像がまたアメリカ大衆の理想モデルになる。

だがそれは同時に、用済みになれば／不況になれば雇主側の罪意識なしに切り捨てられる現実を裏書きしている。アメリカの大繁栄の時代、実はアメリカン・ドリームが一握りの人たちだけのものであり、多数の市民が貧困と挫折に落ち込んだという半面を見逃せない。大量生産・大量消費社会の陰に、そこからはじき出された多数の貧困な人たちがいた。

経済的に見捨てられた人々のみではない。機械的な生産・消費のラインに心情的についていけなくなった人々がある。この人たちは、前者と異なり、中産階級に属する場合もあったろう。彼らは深い心理的な悩みを担う。ロジャーズがこうした人たちに眼を向けたのは実業家たちとは確かに異なっている。だがそれにもかかわらず、クライアント中心療法の流行と俗化はアメリカの繁栄と共に展開した商業主義の歩みに沿っている。

20世紀の前半のアメリカナイゼーションは異質の思想や相反する哲学もごった煮にして受け入れて、つまるところアメリカを前進させたと自認されている。一方で、推し進む画一化に対抗するように「それぞれの分野において。最も個性的に活動すればアメリカ全体が発展し、やがて個々人の生活に役立つようになる」という理念態度が強調された。多くの市民がそのように思い込んで、ある種の風土にさえなっていた。クライアント中心療法はこの風土によく馴染むものであった。

しかし、クライアント中心療法の問題点も省みておかねばならないだろう。この療法は人のありのままに沿う発展を促す方法として、背後に自然治癒という広大な領野を背負う。だがそのことは、当法が、一般的効用と特殊なものへの限界の両面をになうことを示す。

後者についてであるが、この療法の有効性には（ロジャーズの考えにはそぐわないけれども）当該者のパーソナリティの問題が避けがたくからんでくる。本章のはじめに、ジェンドリンがロジャーズの人柄を紹介した言葉――「彼は人を心から思いやった」――を紹介した。この点はかなり注意すべきことである。

社会活動の中で〝他人のことがわかる〟のは普通のこととみられている。だがそれは教育や訓練では達しえない、生来的な面を潜めている。これは社交的かどうかということではなく、人間と人間の間の関係の持ち方が自ずと具わっているということである。* この基盤に拠って共感的理解のはたらきも活きてくると言える。〝自分のことがわかる〟のも、この〝他人のことがわかる〟ことと密接な関係にある。この場合の〝自分のことがわかる〟というのは、自分を客観視して「自分はしかじかの性格だ」と自己診断することではない。他人に共感できるように、自分の何たるかにも共感できるのである。

* 反対の場合――関係の障害をもつ例――だが、統合失調症患者の多くは現実の関係への生きた接触が欠落している。この傾向は健常者の一部にも弱い度合いで存在する。この種の人たちでは、すべてではないが〝まだら〟のように関係が脱け落ちる。彼らは日常の型どおりの社会関係は問題ないが、ときとして、とくに臨界場面で「他人のことがわからない」のを露呈する。その場合、周りの人はパーソナリティの問題とは認識せず、それまで普通ととっていた関係の突然の変化を「無礼」だと怒ることにもなる。

〝他人のことがわかる〟人がクライアント中心療法を学んで当法の治療者になり、〝自分のことがわかる〟潜在力をもつクライアントがこの療法で治癒して、健全に生きてゆけることになる可能性が大きいとすると、それに外れる人たちの存在が問われるようになる。既に触れたような、無反応な患者との「出会い」にからむ、ジェンドリンの問題提起もその点にあったのであろう。

まとめ：ロジャーズの人間観とは

人間は自分を素直に見直すことで、隠れた可能性を発見し、最も自分らしく十分に生きることができるものだと、ロジャーズは見ている。才能も性格も人間それぞれが異なるが、この理念はその人なりの充実感と共に「私は私でよいのである」という癒しを与える。しかしこれは半面「私は私以下ではないが、私以上でもない」という厳しさを抱えることにもなる。

こうした明るさと厳しさの両面を抱えながら「この世界で、他の誰とも異なる、唯一人の存在としてもっとも自分らしく、自律的・主体的に生き抜くべきであり、またそうすることができる」というのがロジャーズの人間観といえるだろう。もしそうなら、人間が一つの尺度で高低を争ったり、その争いを気にし過ぎることはありえない。

この人間観は、（かつての精神分析の患者のような有産階級の人たちではなく）普通の大学生、若い男女のサラリーマンや教師に対し、また日常の悩みと孤独に闘っている人たちに対して、自分を喪失せずに自信をもって生きる仕方を気づかせる基盤を提供した。

クライアント中心療法は20世紀中葉のアメリカの風土で培われた療法である。その理念はアメリカ社会で生まれ、そして受容された。民主主義―プロテスタンティズム―経験論―プラグマティズム―組織化・システム化―大衆化の混交した潮流が、ロジャーズの療法をのせて社会に届ける役割をになっていたと言えよう。

クライアント中心療法を行う治療者をはじめとして、多数の学習者や患者／クライアント、ロジャーズの書を読む一般社会人も、彼の人間観と理論を受け入れる構えを用意していたのだ。彼らはロジャーズの人間観を潜在的・顕在的に共有する。そして、そうした共有が可能なのは、一つは民主主義の社会思潮によるが、もう一つはロジャーズの人格の内に科学性と宗教性とそして人間性が豊かに保たれ、統合されていたからであろう。

そうだからと言って、クライアント中心療法は心理臨床の分野での20世紀のアメリカ文化からの単なる自然発生的な一例ではない。坩堝の中から抜け出るにはロジャーズというすぐれたパーソナリティを必要とした。彼はフォードに代表されるようなアメリカ的機械文化の旗手ではない。それは決して派手な活動ではなく、大きな潮流に沿いながらもそれを陰で支える底流である。その主題は、悩めるクライアントの自我の自ずからなる発展という内向きなものであった。だが、その発展を確固なものとしたのがロジャーズなのである。

●第5章

創始者の人間観から何を学ぶか

20世紀の心理療法を代表する創始者たちの足跡をたどりながら、それぞれの人間観を顧みてきた。彼らの業績をみると、実のところ、それぞれが提示する最大の力点が同時に最大の批判を負うている。例えば、フロイトのリビドー論、つまり生物学主義的一元論への厳しい反論はその一つである。

この点からみても、人間観とその業績を関連づけるのであれば、そのことの意味は、創始者の人間観もきまった価値をもつものではなく、それからわれわれ後学者は何を学ぶべきか、また、彼らの人間観が「これまで」と「これから」の心理療法をどうつなぐか、ということである。

第1節　創始者たち：その特徴ある足跡

フロイトの壮烈

フロイトは逆境をバネにして創造を行っている。19世紀末から20世紀にかけて、彼は学会や医師会から忌避され、長年の共同研究者と別離し、性的外傷説が挫折し、患者も来ず、生活費の面のみならず研究素材もままならぬ孤立無援の時代だった。その時期に、状況上やむをえなかったとは言え、誰もがみるものだけれども本来データになりにくい自分の夢をデータにして、自己分析から無意識に関する考察を引き出している。注目したいのは、いかにゆきづまりを感じる状況でも、足元を見直すことで打開の道を発見しうるということである。

フロイトは夢解釈を、単に自分の理論構成上の課題にとどまらず、やがて精神分析の実践を通して、広く他人の治療にも役立てた。彼は『人間モーセと一神教』の中で「偉大な人間とは彼の周囲の人たちに……一つは彼の人格により、一つは彼の擁護する理念によって影響を与える……」と記しているが、まさに、その言葉を裏づける人生と業績を果たしたと言えるだろう。

フロイトの生きざまは、人間が計り知れない重荷を背負いながらも、自分が使命と受け止めているもの――フロイトでは精神分析とその研究――を果たすべきこと／果たしうることを表している。彼の課題は抑圧された無意識の欲求を意識化して現実を変えることだった。だが彼自身は解決しえない課題――自分の中のもろもろの矛盾――を抱えながら目指すものを遂行している。

科学の研究論文から当人の心身の苦痛は想像できないし、また、双方が無関係なのが当然である。だが、創り出したものが人間に関わる理論であるとすると、創始者が人間である以上、自分自身の生活や心情がいかに注意しても論考にからみ込まれるようになる。しかし、フロイトでは、老いた死の直前の著書『精神分析概説』に明らかなように、自分の激動の人生を止揚して、科学的な人間研究に転換して実らせている。これは常人には不可能な偉業である。

この態度は、理論づくりのみならず、分析の実践にも及んでいる。フロイトは、「信念は方法の前提だが、双方は区別される」という。つまり、信念の基にある人間観は、治療法とは分けてとらえるべきだということである。フロイトの言葉について、既述のように、ビンスワンガーはその前段に注目した。だが、むしろ注目すべきはその後段である。

精神分析派は、分析医としての自分を客観視するために、ベテランによる教育分析を必須とする。自己分析のみではこの機能を十分にはもちえない。自己分析という語は自己愛的な色調を伴うとされる。自己分析でありながら完全に客観的「方法」として機能するとしたら――これは尋常のはたらきではない。しかし、フロイトはあえて客観化を念頭に自分を自己分析した。E・ジョーンズの言うように、フロイトだからこそできた「はなれわざ」なのである。

だが、そこに彼の人間観がまったく欠けているとも言えない。ここでは、自己分析は客観性に欠ける点が問題だとの前提で話を進めているのだが、全体としても、精神分析は愛を欠いたものと言い切れない面がある。フロイトの人間観には人間解放の深い愛があった。これを広義にとれば、自己分析が自己愛をはらむことのゆえに機能が乏しいとして退けられないことにつながるし、彼自身の自己分析が愛のないという意味で客観的であったとはされないところがある。

モレノの社会貢献

A．モレノの患者の多くは問題を抱えた庶民大衆であり、市民生活からこぼれ落ちた人たちであり、上流層、富裕層、知識階層の人たちではない。彼の治療の方向は庶民の今の日常生活が良くなり、前進することを支えようとしている。もし言葉を媒介としただけの心理療法なら、庶民は飽きを感じてついていけなくなるか、うまくいっても単なる癒し以上のものにはならない恐れがある。言葉というものの受けとり方が知識階層とは違うからである。活動的集団療法――サイコドラマ――は、実際にこの人たちの日常行為を変えて、生活が前進し、向上することを目指している。彼の人間観が神に関わっているとしても、この実践は神を離れているか、あるいは人間の世界での神のひそかな現れなのである。

コミュニティ内の人間関係や生活上の問題は、個々の成員のパーソナリティの障害よりも、むしろ価値観のそれに根ざしていることがしばしばである。とくに非行少年や反社会的な行為者では、しばしば価値体系の歪みが問題行為の焦点で――盗みさえ、貧窮のゆえではなくて、スリルを楽しむゲーム感覚でやることも――あり、この点にこそ面と向かう必要があるケースがある。価値観に変化を起こさせるために、社会的・文化的役割を発展させるというやり方の処置法は、サイコドラマのすぐれた特色である。

B. モレノ自身にとって、創造性-自発性-役割行為-役割関係-ソシオメトリー-サイコドラマという、モレノ独自の関連づけは重要である。これらの淵源は神にある。自発性は、主体的な存在としての人間の自ずからなる意欲にもっぱら依存するものではなく神のもたらす当為の面をもつ。したがって、患者は自発性をもつべきなのであり、治療者と他のスタッフは患者を補助し、訓練し、その目的を果たすように促すべきなのである。自発性はサイコドラマの学習者にも厳しく求められている。彼の著書『サイコドラマ』は多くの個所が難解である。わかりやすく、噛んでふくめるようには書かれていない。学習者自身がすすんで自発的に読解するように努めるべきなのであろう。モレノの著『誰が生き残るか』について、（他者の褒め言葉を引きながらだが）彼が学習者の「バイブル」とみなしていることからも、「敢えて学ばねばならない」ことを示している。

モレノによれば、サイコドラマでなすべきことは単なる自己表出とは異なる。自我を役割にのせて表すことと役割自体のもつ内容を分けること、また、その場でその役割の演技を見ている人や脇役として囲んでいる人の主役への関わりなどといったものから、テレ関係がどう発展していくかが重視される。その発展に沿うなら、やがて人間に幸せと喜びがもたらされると予言する。

モレノは『サイコドラマI』で次のように言っている。「即興劇の技法は、患者が以前に生きたことのない、そして新しい環境に応じた新しい役割を直ちにつくり出さねばならないような、そんな役割や状況や世界に患者を投げ込むものであり、自発性訓練の王道なのである。治療以上のものがそこに生じる……」と。

後学者もまた、サイコドラマを単に患者に合わせるような心理療法とみるべきではない。サイコドラマの本来の趣旨と方法とその効用との関連をしっかり見極めなければならない。そうでなければ、危険を賭けて妄想患者の妄想に沿った余剰現実をつくり出すことなどはできない。

しかし、この療法を心理療法の一つの技法として、その特性に注目し、モレノとは異なる視点で、それぞれの治療者が固有の形で活用することは自由であるし、それなりに有意味である。その点からすると、モレノの理念は当為的な面をもちながらも実践方法を通じて広く窓を開いている。技法はまさに彼の示唆するように（彼の人間観、世界観を離れて）、それとしての役割を担っている。

ロジャーズの人間性

A．心理療法は医療とどのような関係をもつかについては議論の余地がある。だが「人が人を治す」場として双方は多少とも共通性がある。医療従事者もまたロジャーズのクライアント中心療法に注意を向けることが必要だろう。

一般に、医療分野における治療者と被治療者の間に見られる、前者の強者‐権威的態度と後者の弱者‐卑小感は、ロジャーズのクライアント中心療法では覆されている。医師はたしかに患者との関係で影響を患者に及ぼす、しかし、患者が医師に影響を及ぼすと思う医師は少ない。したがって、医療の場で患者はしばしば物扱いされたという不快感が残る。

昔から続いてきたこうした間柄が、ロジャーズの療法では一変している。その治療過程は、治療者から被治療者へ、また、被治療者から治療者への影響という相互過程で発展し、双方が共に変容する中で治療が進む。その影響を受け止めるのは両者の体験である。

治療者がクライアントや患者を尊重して、その体験をしっかり受け止め、クライアント側でも「わかってくれている」という体験をもてる治療者は、それまで甚だ少なかった。顧みると、これは日常社会生活では当たり前のことであり必要なことでもある。この当たり前のことを治療の場で実践したのが、ロジャーズの偉大さである。

体験の重要性は、どれほど強調しても、強調し過ぎることはない。精密器機による生理学的診断のどこにも人間の生の喜怒哀楽の体験そのものは見出せない。この体験に注目することで心理学が成り立っていると言ってもよいだろう。

B．ロジャーズの人間観、治療論、治療法、実践の間には、第三者にもはっきりと理解可能な関連がある。これは他の型の心理療法には見られないことであり、最も本書のテーマに直接的に応じているると言える。治療法を学習する者にとってもその関連が把握できるという点からすると、人間観をとりあげるべき意義を直接的に見出せるのもロジャーズにおいてである。

言い換えれば、生物学的な人間をみるフロイトの精神分析、神の被造物としての人間をみるモレノのサイコドラマと対比して、まさに人間の心理を焦点にした心理療法と言えるのはクライアント中心療法であろう。そのことが基本的には「現代の人」である学習者と「現代の人であるロジャーズ」の関わりによるとしてもである。

C．ロジャーズのトランスパーソナルなものへの関心は彼の加齢と無関係であるといわれる。けれども、この関心は老化と老化を超えるものの双方を含む。死に向かうと人は成長期とは異なる意味で、新たな――多くは負の――体験に遭遇する。そのとき、どの人も固有のやり方でそれに面と向かわざるをえない。人間のプレゼンスにスピリチュアリティを見るのはロジャーズにおける加齢による体験であって、われわれもまた類似の体験をもつ。だがその方法的表出が広くクライアントにも積極的効果を与えていることの意義を見なければならない。

スピリチュアリティが注目されるのも、ロジャーズが心理治療の視点に科学的な基礎をおくからなのであり、また、そうだからこそ、神秘主義に溺れることなく、広く市民に受け入れられたといえよう。それにしても、自らの技法によって人生の最期まで社会に役立つのは、傑出した人のみに与えられる特典的な幸せであろう。

第2節　創始者たち：これまでとこれから

本書でとりあげた三つの心理療法の共通面は以下のようにまとめられるであろう。現実社会との間で葛藤し、閉塞していた自我は心理療法の自由な場で現実に向かって広く開かれる。だが、またあわせて、自我はいっそう強化されて、困難な現実に対して積極的に適応するようになる。すなわち——

精神分析における、必ずしも愉快とは言えぬ無意識の暴露に対応する患者は、クライアント中心療法で自己のマイナス面を受容するクライアントの場合に類似するし、こうしたクライアントのコンフロンテーションはサイコドラマでの余剰現実の展開の際にはとくにあらわである。つまり、形は異なるとはいえ、自分自身を超える過程を経るという点でも共通している。これは、患者やクライアントにある種の厳しさを求めるものであり、心理療法が、俗にいわれるような単なる「癒し」のみではなく、手順を踏みつつ判断と勇気を培う鍛錬的要素を含むことを示唆している。

次いで、共通でない面に眼を向けよう。このことはまず、彼らの人間観と治療技法の科学性の関連についてとらえられる。フロイトでは、当人の自然科学主義にもかかわらず、精神分析の全体を覆う人間解放への意思が陰に陽に実践にまで及んでいる。モレノでは逆に、すべてを神の理念に従ったものとしながら、方法が科学的技法として実施される。そして、ロジャーズは、人間性を強調しながらも、治療法に科学性を与えようと努めている。

また、ロジャーズは体験論をもつがエネルギー論が不鮮明だし、モレノにはエネルギー論はあるものの体験論が乏しく、フロイトはその双方を含むけれども橋渡しする理念が十分とは言えない。加えて、エネルギーの質の違いにも注意が要る。また時間を軸にすると、フロイトでは自分の「過去の歴史を省みて乗り超えること」、モレノでは自分を変えるために「未来に向かって行動すること」、そしてロジャーズは「今、現在の体験に自分を開くこと」で自己を発展させている。こうした相違点は彼らそれぞれの人間観に基づいている。

だが、これらは本来、微細な形ではあっても、個々の社会人が日常生活で自ずと果たしていることである。つまり、上記のそれぞれの心理療法の特性は、人間の特性そのものに発しているようにみえる。

自然科学の発展は目覚ましく、未来にはますますの進歩が期待される。だが、心理療法の場合は、形式上にはさまざまな変化があるとしても、三つの治療法は人間の本質に関わるものとして保持されはしないだろうか。

実際、これらの療法の間に既述のような共通性を認めた上で、心理治療というカテゴリーをさらに広げるなら、行動療法とサイコドラマの間柄にも同一事態を互いの用語で表現しうる面もいくらかあるだろう。つまり種々の方法にわたってある枠組みによる通約が可能である。

それが科学史でいうところのパラダイムだとすると、環境と人間の大きな変化によって、やがては心理療法そのものの存否にも関わる、新たなパラダイムにとって替わられる可能性がある。だがそうだとしてもそれまでは、心理療法は何らかの形で有意義にはたらきつづけることだろう。

文　献

第2章　フロイトと精神分析

(1) バカン, D. 岸田 秀他訳　1976　ユダヤ神秘主義とフロイド　紀伊國屋書店. Bakan, D. 1958. *Sigmund Freud and the Jewish Mystical Tradition*. D. Van Nostrand.
(2) ビンスワンガー, L. 荻野恒一他訳　1967　現象学的人間学　みすず書房. Binswanger, L. 1947. *Ausgewählte Vorträge und Aufsätze*. Bd. I. Franke Verlag.
(3) ビンスワンガー, L. 竹内直治・竹内光子訳　1969　フロイドへの道　岩崎学術出版社. Binswanger, L. 1956. *Erinnerungen an Sigmund Freud*. A. Franke AG Verlag; 1957. *Mein Weg zu Freud. In der Mensch in der Psychiatrie*. Günter Neske Verlag.
(4) ビンスワンガー, L. 山本巌夫他訳　1972　うつ病と躁病　みすず書房. Binswanger, L. 1960. *Melancholie und Manie*. Günter Neske Verlag.
(5) ボス, M. 村上 仁・吉田和夫訳　1957　性的倒錯　みすず書房. Boss, M. 1947. *Sinn und Gehalt der sexuellen Perversionen*. Hans Huber.
(6) ボス, M. 笠原 嘉・三好郁男訳　1962　精神分析と現存在分析　みすず書房. Boss, M. 1957. *Psychoanalyse und Daseinsanalytik*. Hans Huber.
(7) ブラウン, J. 宇津木保・大羽 蓁訳　1963　フロイドの系譜　誠信書房. Brown, J. 1961. *Freud and Post-Freudians*. Penguin Books.
(8) ブレンターノ, F. 佐藤慶二訳　1929　精神現象の分類について［世界大思想全集43所載　春秋社］. Brentano, F. 1911. *Vom der Klassifikation der psychischen Phänomene*.［Psychologie vom empirischen Standpunkt. Bd. II.］
(9) クレマン, C. 吉田加南子訳　2007　フロイト伝　青土社. Clement,

C. 2005. *Pour Sigmund Freud*. Éditions Menyés.
(10) ドイッチャー, I. 鈴木一郎訳　1970　非ユダヤ的ユダヤ人　岩波新書. Deutscher, I. 1968. *The Non-Jewish Jew*. Oxford University Press.
(11) エックルス, J. C.・ロビンソン, D. C. 大村 裕他訳　1989　心は脳を超える　紀伊國屋書店. Eccles, J. & Robinson, D. 1984. *The Wonder of Being Human*. Free Press.
(12) エレンベルガー, H. 木村 敏・中井久夫監訳　1980　無意識の発見　弘文堂. Ellenberger, H. 1970. *The Discovery of the Unconscious: The History and Evolution of Dynamic Psychiatry*. Basic Books.
(13) エリクソン, E. 草野栄三郎訳　1954　幼年期と社会　日本教文社. Erikson, E. 1950. *Childhood and Society*. Norton.
(14) エリクソン, E. 鑪幹八郎訳　1972　洞察と責任　誠信書房. Erikson, E. 1964. *Insight and Responsibility*. Norton.
(15) フロイド, A. 外林大作訳　1958　自我と防衛　誠信書房. Freud, A. 1936. *Das Ich und Abwehrmechanismen*. International Psychoanalytischer Verlag.
(16) フロイド, S. 懸田克躬・吉田正己訳　1969　ヒステリー研究［フロイド選集第 9 巻　日本教文社］. Freud, S. 1895. *Studien über Hysterie*. Gesammelte Werke, Bd. I. 1952. Imago Publishing.
(17) フロイト, S. 高橋義孝訳　1969　夢判断　新潮社. Freud, S. 1900. *Die Traumdeutung*. Gesammelte Werke, Bd. II; III.
(18) フロイド, S. 古沢平作訳　1958　フロイドの精神分析の方法［精神分析療法　フロイド選集第 15 巻　日本教文社］. Freud, S. 1904. Die Freudische psychoanalytische Methode. Gesammelte Schriften, Bd. VI.
(19) フロイド, S. 古沢平作訳　1958　精神療法について［精神分析療法　フロイド選集第 15 巻　日本教文社］. Freud, S. 1904. Über Psychotherapie. Gesammelte Schriften, Bd. VI.
(20) フロイト, S. 渡邉俊之訳　2009　性理論のための三篇　フロイト全集 6　岩波書店. Freud, S. 1905. *Drei Abhandlungen zur Sexualtheorien*. Franz Deutike.
(21) フロイド, S. 古沢平作訳　1958　精神分析療法の今後の可能性［精神

分析療法　フロイド選集第15巻　日本教文社]. Freud, S. 1910. Die zukünftigen Chancen der psychoanalytischen Therapie. Gesammelte Schriften, Bd. VI.

(22) フロイド, S. 懸田克躬訳　1969　精神分析運動の歴史について[フロイド選集第17巻　日本教文社]. Freud, S. 1914. Zur Geschichte der psychoanalytischen Bewegung. International Psychoanalytischer Verlag.

(23) フロイド, S. 古沢平作訳　1958　感情転移性恋愛について[精神分析療法　フロイド選集第15巻　日本教文社]. Freud, S. 1915. Bemerkungen über die Übertragunngsliebe. Gesammelte Schriften, Bd. VI.

(24) フロイド, S. 井村恒郎訳　1954　快感原則の彼岸[自我論　フロイド選集第4巻　日本教文社]. Freud, S. 1920. *Jenseits des Lustprinzips*. Gesammelte Schriften, Bd. VI.

(25) フロイド, S. 井村恒郎訳　1954　自我とエス[自我論　フロイド選集第4巻　日本教文社]. Freud, S. 1923. *Das Ich und das Es*. Gesammelte Schriften, Bd. VI.

(26) フロイド, S. 懸田克躬訳　1969　自らを語る[自らを語る　フロイド選集第17巻　日本教文社]. Freud, S. 1925. *Selbstdarstellung*. In"Die Medizin der Gegenwart in Selbstdarstellung, 4."

(27) フロイド, S. 土井正徳・吉田正己訳　1970　幻想の未来[宗教論―幻想の未来―　フロイド選集第8巻　日本教文社]. Freud, S. 1927. *Die Zukunft einer Illusion*. Gesammelte Werke, Bd. XIV.

(28) フロイト, S. 土井正徳・吉田正己訳　1970　人間モーセと一神教[宗教論―幻想の未来―　フロイド選集第8巻　日本教文社]. Freud, S. 1939. *Der Mann Moses und die monotheistische Religion*. Gesammelte Werke, Bd. XVI.

(29) フロイド, S. 古沢平作訳　1958　精神分析学概説[精神分析療法　フロイド選集第15巻　日本教文社]. Freud, S. 1940. Abriss der Psychoanalyse. *Int. Zeitschrift für Psychoanalyse*, Bd. XXV.

(30) ハルトマン, H. 霜田静志・篠崎忠男訳　1967　自我の適応　誠信書房. Hartmann, H. 1958. *Ego Psychology and the Problem of Adaptation*. International Universities Press.

(31) ジャカール,R. 福本 修訳 1987 フロイト 法政大学出版局. Jacard, R. 1983. *Freud*. Press Universitaires de France.
(32) ヤスパース,K. 内村祐之他訳 1953 精神病理学総論 岩波書店. Jaspers, K. 1913. *Allgemeine Psychopathologie*. Springer.
(33) ヤスパース,K. 草薙正夫訳 1949 理性と実存 創元社. Jaspers, K. 1935. *Vernunft und Existenz*. Groningen.
(34) ジョーンズ,E. 竹友康彦・藤井治彦訳 1969 フロイトの生涯 紀伊國屋書店. Jones, E. 1961. *The Life and Work of Sigmund Freud*. Basic Books.
(35) クリステヴァ,J. 枝川昌雄訳 1987 はじめに愛があった―精神分析と信仰― 法政大学出版局. Kristeva, J. 1985. *Au Commencement Était L'Amour Psychanalyse et Foi*. Hachette.
(36) ラプランシュ,J.・ポンタリス,J. 村上 仁監訳 1977 精神分析用語辞典 みすず書房. Laplanche, J. & Pontalis, J. 1967. *Vocaburaire de la Psychanalyse*. Presses Universitaires de France.
(37) ニーチェ,F. 竹山道雄訳 1954 ツァラトストラかく語りき 新潮社. Nietzsche, F. 1883-1891. *Also sprach Zarathustra*. E. Schmeitzner.
(38) ニーチェ,F. 木場深定訳 1940 道徳の系譜 岩波書店. Nietzsche, F. 1887. *Zur Genealogie der Moral*. Nauman.
(39) 小此木啓吾 1961-1962 精神分析学の展望 精神医学 3巻5号-4巻1号.
(40) ロベール,M. 東 宏治訳 1977 エディプスからモーゼへ―フロイトとユダヤ人意識― 人文書院. Robert, M. 1974. *D'Œdipe á Moîse*. Calmann-Lévy.
(41) ストー,A. 高橋哲郎訳 1973 人間の攻撃心 晶文社. Storr, A. 1968. *Human Aggression*. Penguin Press.
(42) ショーペンハウアー,A. 西尾幹二訳 1975 意志と表象としての世界 世界の名著続10巻 中央公論社. Schopenhauer, A. 1819. *Die Welt als Wille und Vorstellung*.
(43) ショーペンハウアー,A. 斎藤忍随訳 1960 読書について 岩波書店. Schopenhauer, A. 1851. *Parerga und Pralipomena*. Haye.
(44) ショースキー,C. 安井琢磨訳 1983 世紀末ウィーン 岩波書店.

Shorske, C. 1980. *Fin-de, Siëole Vienna-Politics and Culture*. Alfred Knopf.
(45) シミントン, N. 成田善弘他訳　2008　精神分析とスピリチュアリティ　創元社. Symington, N. 1994. *Emotion and Spirit*. Cassell.
(46) 台 利夫　1978　現代における同一性問題の根と分岐　国学院雑誌 79巻1号.
(47) 台 利夫　2007　参加観察の方法論　慶應義塾大学出版会.

第3章　モレノとサイコドラマ

(1) アガザリアン, Y. 鈴木純一訳　1987　見えないグループの理論　集団精神療法　3巻2号, 169-176.
(2) アンジュー, D. 篠田勝郎訳　1965　分析的心理劇　牧書店. Anzieu, D. 1956. *Le Psychodrame Analytique chez L'Enfant*. Presses Universitaires de France.
(3) ベイカー, R. 宮城音弥訳　1975　フロイト―その思想と生涯―　講談社. Baker, R. 1952. *Sigmund Freud, for Everybody*. Popular Library Edition.
(4) バスカン, M. 他　荻野恒一・久世順子訳　1981 サイコドラマ　誠信書房. Basquin, M. et al. 1972. *Le Psychodrame*. Bordas.
(5) ベルグソン, H. 松浪信三郎・高橋允昭訳　1966　創造的進化　白水社. Bergson, H. 1907. *L'Evolution Creatrice*. Presses Universitaires de France.
(6) ブラトナー, A. 松村康平監訳　1978　アクティング-イン　ソシオ・サイコ・ブックス. Blatner, H. 1973. *Acting-in*. Springer.
(7) ボス, M.：前掲　第2章 (6).
(8) カッシラー, E. 宮城音弥訳　1997　人間―シンボルを操るもの―　岩波書店. Cassirer, E. 1944. *An Essay on Man*. Yale University Press.
(9) ディルタイ, W. 桝田啓三郎訳　1931　経験と思惟［池島重信訳：人間学とは何か　鐵塔書院］. Dilthey, W. 1900. *Erfahren und Denken*.
(10) 土居健郎　1977　方法としての面接　医学書院.
(11) アイゼンク, H. 異常行動研究会訳　1965　行動療法と神経症　誠信

書房. Eysenck, H. 1960. *Behavior Therapy and the Neuroses*. Pergamon Press.
(12) フレミング, D.・ベイリン, B. 荒川幾男他訳　1973　亡命の現代史 4 ―社会学者•心理学者―　みすず書房. Freming, D. & Bailyn, B. 1968. *The Intellectual Migration*. Harvard University Press.
(13) ホームズ, P. 台 利夫他訳　1995　心の世界と現実の世界の出会い　ブレーン出版. Holmes, P. 1992. *The Inner World Outside*. Routledge.
(14) 石田 武　1975　生活療法［横井 晋他編：精神分裂病　医学書院］.
(15) ジョーンズ, M. 鈴木純一訳　1976　治療共同体を超えて　岩崎学術出版社. Jones, M. 1968. *Beyond the Therapeutic Community*. Yale University Press.
(16) 河村茂雄　2001　人間関係に役立つカウンセリング［小山 望・河村茂雄編：人間関係に活かすカウンセリング　福村出版］.
(17) ケニストン, K. 庄司興吉•庄司洋子訳　1973　ヤング・ラディカルズ　みすず書房. Keniston, K. 1968. *Young Radicals*. Harcourt, Brace.
(18) ノブロフ, F. 山口 隆・増野 肇訳　1983　統合精神療法　星和書店. Knobloch, F. & Knobloch, J. 1979. *Integrated Psychotherapy*. Jason Aronson.
(19) リヴトン, E. 上芝功博•石井春子訳　1991　臆病な臨床家のためのサイコドラマの技法　ナカニシヤ出版. Leveton, E. 1977. *Psychodrama for the Timid Clinician*. Springer.
(20) マガルシャック, D. 高山図南雄訳　1955　スタニスラフスキー•システム　未來社.
(21) マリノー, R. 増野 肇・増野信子訳　1995　神を演じつづけた男　白楊社. Marineau, R. 1989. *Jacob Levy Moreno 1889-1974*. Routledge.
(22) 松村康平　1961　心理劇　誠信書房.
(23) Moreno, J. 1934. *Who shall survive?*　Beacon House.
(24) モレノ, J. 増野 肇監訳　2006　サイコドラマ（Psychodrama I）　白楊社. Moreno, J. 1946. *Psychodrama. First Volume*. Beacon House.
(25) Moreno, J. 1959. *Psychodrama II*. Beacon House.
(26) Moreno, J. 1969. *Psychodrama III*. Beacon House.
(27) モレノ, J. 松村康平訳　1964　集団心理療法と心理劇への考察

CIBA KAGAMI Vol.5, No.4, 98–106. Moreno, J. 1964. Reflection on my method of Grouop Psychotherapy and Psychodrama.
(28) Rojas-Bermúdez. 1970. *Puppets and Psychodrama*. Editiones Genitor.
(29) Rosen, J. 1953. *Direct Analysis*. Grune & Stratton.
(30) シェーラー, M. 池島重信訳　1931　知識の諸形式と陶冶［池島重信・桝田啓三郎訳：人間学とは何か　鐵塔書院］. Scheler, M. 1925. *Die Wissensformen und die Bildung*. F. Cohen.
(31) シュッツェンベルガー, A. 篠田勝郎訳　1973　現代心理劇　白水社. Schützenberger, A. 1970. *Précis de Psychodrame*. Editions Universitaires.
(32) ジンメル, G. 茅野良男訳　1977　生の哲学　白水社. Simmel, G. 1918. *Lebensanschaung*. Dunker und Humblot.
(33) スラブソン, S. 小川太郎・山根清道訳　1956　集団心理療法入門　誠信書房. Slavson, S. 1943. *An Introduction to Group Therapy*. The Commonwealth Fund.
(34) 外林大作　1958　人間関係とロールプレイング　心理劇研究 2.
(35) スタニスラフスキー, K. 土方与志訳　1953　身体的行動　未來社.
(36) Sturm, I. 1965. Behaviorisitic Aspect of Psychodrama. *Group Psychotherapy*, Vol. XVIII, 1–2.
(37) サリヴァン, H. 中井久夫他訳　1990　精神医学は対人関係論である　みすず書房. Sullivan, H. 1953. *Interpersonal Theory of Paychiatry*. Norton.
(38) スウェーデンボルグ, E. 今村光一抄訳　1975　私は霊界を見て来た　叢文社. Swedenborg, E. 1749–1756. *Arcana Cœlestia*.
(39) 田中熊次郎　1959　ソシオメトリーの理論と方法　明治図書.
(40) 臺 利夫　1977　自我と役割　私学研修　74 号, 156–169.
(41) 台 利夫　1982　臨床心理劇入門　ブレーン出版.
(42) 台 利夫　1984　心理劇と分裂病患者　星和書店.
(43) 台 利夫　1991　集団臨床心理学の視点　誠信書房.
(44) 台 利夫：前掲　第 2 章 (47).
(45) 渡辺弥生　1996　ソーシャル・スキル・トレーニング　日本文化科学社

(46) ワース, L. 今野敏彦訳　1971　ユダヤ人と疎外社会　新泉社. Wirth, L. 1928. *The Ghetto*. University of Chicago Press.
(47) Yablonsky, L. 1976. *Psychodrama*. Basic Books.

第4章　ロジャーズとクライアント中心療法

(1) アレン, F. 黒丸正四郎訳　1961　問題児の心理療法　みすず書房. Allen, F. 1942. *Psychotherapy with Children*. Norton.
(2) 有賀夏紀・能登路雅子編　2005　アメリカの世紀［史料で読むアメリカ文化史 4］東京大学出版会.
(3) アリストテレス　加藤信朗訳　1973　ニコマコス倫理学　アリストテレス全集第 13 巻　岩波書店.
(4) Bach, G. 1986. Lewinian Theory in Clinical Practice. [Edt. Stiver, E. & Wheelan, S. : *The Lewin Legacy*. Springer-Verlag.]
(5) ベイカー, R. : 前掲　第 3 章 (3).
(6) ブラウン, J. : 前掲　第 2 章 (7).
(7) ブーバー, M. 田口義弘訳　1967　我と汝［対話的原理 I　みすず書房］. Buber, M. 1923. *Ich und Du*. (Die Schriften über das dialogische Prinzip, I.) Insel-Verlag.
(8) チクセントミハイ, M. 今村浩明訳　1979　楽しみの社会学　思索社. Csikszentmihalyi, M. 1975. *Beyond Boredom and Anxiety*. Jossey-Bass.
(9) デューイ, J. 河村 望訳　1995　民主主義の倫理［哲学・心理学論文集　人間の科学社］. Dewey, J. 1888. *University of Michigan Philosophical Papers*, No.1, Second Series, Ann Abot, Andrew & Co.
(10) デューイ, J. 河村 望訳　1995　哲学の再構成　人間の科学社. Dewey, J. 1919. *Reconstraction in Philosophy*. Beacon Press.
(11) エリクソン, E. : 前掲　第 2 章 (13).
(12) フランクル, V. 霜山徳爾訳　1957　死と愛　みすず書房. Frankl, V. 1952. *Ärztliche Seelsorge*. Franz Deuticke.
(13) フロイド, S. : 前掲　第 2 章 (17).
(14) フッサール, E. 細谷恒夫・木田 元訳　1974　ヨーロッパ諸学の危機

と超越論的現象学　中央公論社. Husserl, E. 1954. *Die Krisis der europäischen Wissenschaften und die transzendentale Phänomenologie*. Martinius Nijhoff.
(15) ジェンドリン, E. 村瀬孝雄訳　1966　体験過程と心理療法　牧書店. Jendlin, E. 1962. *Experiencing and the Creation of Meaning*. Free Press.
(16) ジェンドリン, E. 村山正治他訳　1982　フォーカシング　福村出版. Jendlin, E. 1978. *Focusing*. Bantam Books.
(17) ヘーゲル, G. 長谷川宏訳　1998　精神現象学　作品社. Hegel, G. 1807. *Phänomenologie des Geistes*. Bey Joseph Anton Goebhard.
(18) ハイデガー, M.　桑木 務訳　1960～1963　存在と時間　岩波書店. Heidegger, M. 1927. *Sein und Zeit*. Max Niemeyer Verlag.
(19) 堀 淑昭　1987　ロジャーズとロジャーズ派のあやまちI　カウンセリング　19巻1号.
(20) ヤスパース, K. 鈴木三郎訳　1940　実存哲学　三笠書房. Jaspers, K. 1938. *Existenzphilosophie*. de Gruyter.
(21) キェルケゴール, S. 斎藤信治訳　1979　不安の概念　岩波書店. Kierkegaard, S. 1844. *Begrebet Angest.* (1923. Der Begriff der Angst. Gesammelte Werke, Übersetzt von Chr. Schrempf.)
(22) ラプランシュ, J.・ポンタリス, J.：前掲　第2章 (36).
(23) Lebo, D. 1958. Theoretical Framework for Nondirective Play Therapy: Concepts from Psychoanalysis and Learning Theory. *J. Consult. Psychol.*, 22.
(24) マスロー, A. 上田吉一訳　1973　人間性の最高価値　誠信書房. Maslow, A. 1971. *The Father of Human Nature*. Viking Press.
(25) メイ, R. 小野泰博訳　1963　不安の人間学　誠信書房. May, R. 1950. *The Meaning of Axiety*. Ronald Press.
(26) 諸富祥彦　1997　カール・ロジャーズ入門　コスモスライブラリー.
(27) ニーバー, R.・バルト, K. 有賀鉄太郎・安部正雄訳　1951　ニ・バーとバルトの論争　弘文堂. (1948. *The Christian Century*, vol. LXV. 所載の諸論文)
(28) ニーバー, R. 飯野紀元訳　1950　信仰と歴史　新教出版社. Niebur, R. 1949. *Faith and History*. Charles Scribner's Sons.

(29) プラトン　久保 勉訳　1952　饗宴　岩波書店.

(30) ランク, O. 有内嘉宏訳　1988　分身　人文書院. Rank, O. 1914. *Der Doppelgänger*. Imago.

(31) Rank, O. 1924. *Das Trauma der Geburt*. International Psychoanalytischer Verlag.

(32) Rank, O. 1964. *Will Therapy*. Alfred A. Knopf.

(33) ロージャズ, C. 友田不二男訳　1951　臨床心理学　創元社. Rogers, C. 1942. *Counseling and Psychotherapy*. Houghton Mifflin.

(34) ロージャズ, C. 伊東博編訳　1967　パーソナリティと行動についての1理論［パーソナリティ理論　ロージャズ全集第8巻　岩崎学術出版社］. Rogers, C. 1951. A Theory of Personality and Behavior. *Client-centered Therapy*. Part II. Houghton Mifflin.

(35) ロジャーズ, C. 友田不二男訳　1956　精神療法　岩崎書店. Rogers, C. 1951. *Client-centered Therapy*. Part I. Houghton Mifflin.

(36) ロージャズ, C.・ダイモンド, R. 友田不二男訳　1967　人格転換の心理　岩崎書店. Rogers, C. & Dymond, R. 1954. *Psychotherapy and Personality Change*. Part I, II and IV. University of Chicago Press.

(37) Rogers, C. 1955. Persons or Science? *American Psychologist*, 10 (7).

(38) ロージャズ, C. 伊東 博編訳　1967　クライエント中心療法の立場から発展したセラピー、パーソナリティおよび対人関係の理論［パーソナリティ理論　ロージャズ全集第8巻　岩崎学術出版社］. Rogers, C. 1959. A Theory of Therapy, Personality, and Interpersonal Relationships as Developed in the Client-centered Framework. (Koch, S.〈Ed.〉 *Personality: A Study of A Science. Vol. III. Formulation of the Person and the Social Context*. McGraw-Hill.)

(39) ロジャーズ, C.：心理療法過程の方程式；ロジャーズ, R. & ラブレン, R. 1964　心理療法の過程尺度［伊東 博訳編：カウンセリングの過程　誠信書房］. Rogers, C. 1961. The Process Equation of Psychotherapy. *American Journal of Psychotherapy*, 15.

(40) ロジャーズ, C. 友田不二男編　手塚郁恵訳　1972　サイコセラピーの研究　岩崎学術出版社. Rogers, C. (Ed.) 1967. *The Therapeutic Relationship and Its Impact: A Study of Psychotherapy with Schizophren-*

ics. University of Wisconsin.
(41) ロジャーズ, C.・ラッセル, D. 畠瀬直子訳　2006　カール・ロジャーズ 静かなる革命　誠信書房. Rogers, C. & Russel, D. 2002. *The Quiet Revolutionary*. Penmarin Books.
(42) サルトル, J. 伊吹武彦訳　1955　実存主義とはなにか　人文書院. Sartre, J. 1946. *L'Existentialism est un Humanisme*. Editions Nagel.
(43) シュライエルマッヒャー, F. 木場了本・木場深定訳　1943　独白録　岩波書店. Schleiermacher, F. 1800. *Monologen*. Berlin［s.n.］
(44) シロカ, R. 他編　伊東 博・中野良顕訳　1976　グループ・エンカウンター入門　誠信書房. Siroka, E. et al.（Eds.）1971. *Sensitivity Training and Group Encounter*. Grosset & Dunlap.
(45) シュタイン, E. 中山善樹編訳　1986　現象学からスコラ学へ　九州大学出版会. Stein, E. 1983. *Ein neues Lebensbild in Zeugnissen und Selbstzeugnissen, herausgegeben und eingegleitet von Waltrand Herbstrith*. Verlag Herder.
(46) スタイナー, J. 生松敬三訳　2000　マルティン・ハイデガー　岩波書店. Steiner, J. 1978. *Martin Heidegger*. Harper Collins.
(47) 高木四郎　1962　児童精神医学総論　慶應通信.
(48) 垂谷茂弘　2008　開けとしての変性意識状態［横山 博編：心理療法と超越性　人文書院］.
(49) トリューブ, H. 宮本忠雄・石福恒雄訳　1982　出会いによる精神療法　金剛出版. Trüb, H. 1951. *Heilung aus der Begegnung*. Klett.
(50) 台 利夫　1997　出会いの心理学　教育出版.
(51) ワイナー, I. 秋谷たつ子他訳　1986　心理療法の諸原則　星和書店. Weiner, I. 1975. *Principles of Psychotherapy*. John Wiley.

著者略歴

台　利夫（うてな　としお）

1927年生まれ。1952年東京文理科大学心理学科卒業。筑波大学名誉教授。臨床心理学専攻。主な著書：心理劇と分裂病患者（星和書店，1984年），集団臨床心理学の視点（誠信書房，1991年），新訂ロールプレイング（日本文化科学社，2003年），参加観察の方法論（慶應義塾大学出版会，2007年），その他。

心理療法《しんりりょうほう》にみる人間観《にんげんかん》
――フロイト、モレノ、ロジャーズに学ぶ

2011年5月10日　第1刷発行

著　者　台　利夫
発行者　柴田敏樹
印刷者　日岐浩和

発行所　株式会社　誠信書房

〒112-0012　東京都文京区大塚3-20-6
電話　03（3946）5666
http://www.seishinshobo.co.jp/

中央印刷　イマヰ製本所
落丁・乱丁本はお取り替えいたします
検印省略

Printed in Japan
ISBN 978-4-414-40371-8　C3011

フロイト
モラリストの精神

ISBN978-4-414-40273-5

P. リーフ著　宮武 昭・薗田美和子訳

フロイトは，自分が創始した精神分析を近代自然科学に匹敵する没価値的な科学に仕立て上げようとしながらも，やはり道徳的メッセージをそのなかに込めて，彼を読んだ人々に人生の指針を与えることになった。政治的人間，宗教的人間，経済的人間に続く最後の西欧的人間の類型，つまり 20 世紀の心理的人間の出現を，リーフはフロイトのメッセージから解読し，古代ギリシアから現代にいたる思想史の中に位置づける。

目　次

A5判上製　定価（本体6500円＋税）

フロイト
フリースへの手紙
1887-1904

ISBN978-4-414-40288-9

J.M. マッソン編
M. シュレーター独語版編
河田 晃訳

フロイトが 30 ～ 40 代の頃に親交のあった耳鼻科医ヴィルヘルム・フリースに宛てた 284 通の手紙と数編の「草稿」を網羅した精神分析史上最も重要な書簡集。あまりにも私的な文書のためフロイトは焼却を希望していたが，文書の重要性に気づいた人びとの献身により奇跡的に破棄を免れた。1950 年にその一部が公刊されたものの，全文の公表は娘アンナの死後まで待たなければならなかった。本書はその全文書の完訳である。

A5判上製　定価（本体8500円＋税）

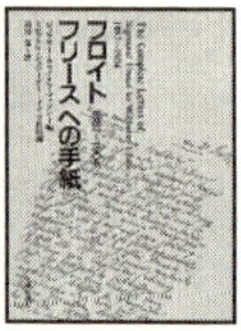

カール・ロジャーズ 静かなる革命

ISBN978-4-414-30298-1

C. ロジャーズ /D. ラッセル著　畠瀬直子訳

逝去の直前まで行われたインタビューによって編まれたロジャーズのすべてを凝縮した待望の一冊。自らの軌跡を語る第Ⅰ部，そして，構築した理論や技法を振り返る第Ⅱ部。充実した注釈や文献も収載し，同時代のアメリカ心理学界の第一級の史料ともいえる内容となっている。

目　次

A5判上製　定価(本体4800円+税)

人間性の最高価値

ISBN978-4-414-30222-6

A.H. マスロー著　上田吉一訳

マスローの著書・論文を中心に精魂を傾けて集大成した独創的な力作。彼は人間性の本質に高い価値をおき，その実現は創造性や至高経験等，有益な結果をもたらす。学究の徒はもちろん，自己の生きがいを模索する現代人にとって希望と勇気を与える好書である。

目　次

A5判上製　定価(本体5800円＋税)